NOUVEAU
COURS DE GÉOGRAPHIE

D'APRÈS LES PROGRAMMES OFFICIELS.

CLASSE DE CINQUIÈME.

Tout exemplaire de cet ouvrage qui ne sera pas revêtu de notre griffe, sera réputé contrefait.

Corbeil, typographie et stéréotypie de Crété.

NOUVEAU COURS

DE GÉOGRAPHIE

A L'USAGE

DES CLASSES DE 6e, 5e ET 4e

Dans les Lycées et autres établissements d'instruction publique

RÉDIGÉ CONFORMÉMENT

AUX PROGRAMMES OFFICIELS DU 12 AOUT 1857

PAR M. CH. PÉRIGOT

Ancien élève de l'École normale supérieure

Professeur d'histoire au Lycée de Douai, membre de la Société

de Géographie de Paris.

DEUXIÈME PARTIE

GÉOGRAPHIE GÉNÉRALE DE L'EUROPE

CLASSE DE CINQUIÈME

DEUXIÈME ÉDITION REVUE ET CORRIGÉE

PARIS

DEZOBRY, E. MAGDELEINE ET Cie, LIBRAIRES-ÉDITEURS

RUE DES ÉCOLES, 78

(près du Musée de Cluny et de la Sorbonne)

1861

AVERTISSEMENT

Cet abrégé forme la seconde partie du Cours de Géographie rédigé à l'usage des classes de Grammaire, conformément aux programmes officiels du 12 août 1857.

Il renferme la Géographie générale de l'Europe et de l'Afrique moderne ; les découvertes géographiques, les divisions politiques y sont exposées d'après les documents les plus récents ; nous nous sommes attaché dans cet abrégé, comme nous l'avons déjà fait dans celui de sixième, comme nous le ferons dans celui de quatrième, à faire connaître l'état physique et politique des diverses parties du monde, telles qu'elles sont véritablement constituées *aujourd'hui*.

Les matières dont est composé le Cours de Géographie pour la cinquième n'ayant pas, au même degré que celles du cours de sixième, le caractère d'une nomenclature, nous avons pu, dans cet abrégé, faire précéder les développements d'un *sommaire* qui présentât tout de suite à l'élève les faits principaux, physiques et politiques, dégagés de tout détail. Ils se graveront ainsi plus aisément dans la mémoire, et, une fois bien connus, permettront à l'élève de mieux comprendre et de mieux retenir les *développements* qui suivent. Chaque chapitre est terminé par un questionnaire, destiné moins au maître qu'à l'élève qui trouvera là un cadre tout fait pour repasser utilement ce qu'il aura appris.

Nous avons donné l'énumération de toutes les grandes divisions territoriales lorsqu'elles nous intéressent plus particulièrement, comme la France ; qu'elles sont peu nombreuses et appartiennent à des pays voisins, comme la Belgique et la Hollande; enfin lorsqu'elles ont beaucoup varié depuis les événements des dernières années, et qu'elles sont rarement données avec exactitude dans d'autres livres; ainsi les divisions de l'Autriche, de la Turquie, de la Grèce, etc.

Nous avons donné un développement tout particulier aux colonies, surtout à celles de la France, de l'Angleterre et de la Hollande.

Cette seconde édition a été revue avec soin, et les changements qu'ont subis les frontières des divers États européens par suite des événements politiques accomplis de 1857 à 1860 y sont mentionnés.

Cet abrégé est composé pour accompagner et expliquer la partie géographique de notre Atlas de cinquième (Atlas de Géographie ancienne et moderne, dressé d'après les programmes officiels d'histoire et de géographie du 12 août 1857, pour servir à l'intelligence de l'histoire grecque et de la géographie moderne, par MM. Ch. Barberet et Ch. Périgot ; Paris, Dezobry, E. Magdeleine et Cie, 1857).

Nous indiquons à chaque chapitre la carte correspondante de l'Atlas.

CH. PÉRIGOT.

GÉOGRAPHIE GÉNÉRALE
DE L'EUROPE

CHAPITRE PREMIER.

FRANCE.

Situation et limites. — Grandes divisions territoriales. — Capitale. — Principales villes. — Population. — Possessions hors de l'Europe et Colonies (1).

SOMMAIRE.

La France, située dans l'hémisphère boréal, est bornée à l'ouest par le *Pas-de-Calais*, la *Manche*, l'*océan Atlantique* et le *golfe de Gascogne;* au sud par les *Pyrénées* et la *Méditerranée;* à l'est par les *Alpes*, le *lac de Genève*, le *Rhône*, le *Jura*, le *Rhin;* au nord par une *ligne conventionnelle* allant du Rhin à Dunkerque sur la mer du Nord.

La France est partagée en deux grands *versants* par une partie de la ligne générale du partage des eaux européennes. Cette partie comprend, en France, les diverses hauteurs qui réunissent les Pyrénées aux Alpes, c'est-à-dire du sud-ouest au nord-est : *Corbières occidentales*, *Cévennes méridionales* et *septentrionales*, *Côte-d'Or*, *plateau de Langres*, *Faucilles* et *Jura*.

Le versant de la Méditerranée, ou du sud-est, ne comprend qu'un seul grand bassin, le RHÔNE, grossi sur sa rive droite de l'Ain, de la Saône, de l'Ardèche et du Gard; sur sa rive gauche, de l'Isère, de la Drôme et de la Durance. Fleuves côtiers : *Var*, *Hérault*, *Aude*, *Tet*.

Le versant de l'Atlantique ou du nord-ouest, comprend quatre grands bassins, séparés par des chaînes secondai-

(1) Voir, pour ce chapitre et le suivant, la carte première (*Carte politique et administrative de la France*) de la partie géographique de notre Atlas de cinquième.

res : 1° celui du Rhin (qui reçoit la Moselle), de la Meuse et de l'Escaut; 2° celui de la Seine, qui reçoit à droite l'Aube, la Marne, l'Oise; à gauche, l'Yonne et l'Eure; 3° celui de la Loire, qui reçoit à droite la Nièvre et la Maine; à gauche, l'Allier, le Cher, l'Indre, la Vienne, la Sèvre Nantaise; 4° celui de la Gironde, formé de la Dordogne et de la Garonne, qui reçoit à droite l'Ariège, le Tarn, le Lot; à gauche, le Gers.

Fleuves côtiers : dans le bassin de la Seine, *Somme* et *Orne*; dans le bassin de la Loire, *Vilaine*; dans le bassin de la Gironde, *Sèvre Niortaise*, *Charente*, *Adour*.

La capitale de la France est Paris, sur la Seine, peuplé de 1,500,000 habitants.

Les grandes divisions territoriales sont les 89 départements ou préfectures, subdivisés en sous-préfectures ou arrondissements.

Principales villes et départements compris dans le bassin du Rhône : — *Besançon* (Doubs); *Dijon* (Côte-d'Or); *Mâcon*, *Châlon-sur-Saône* (Saône-et-Loire); *Lyon* (Rhône); *Nîmes* (Gard); *Grenoble* (Isère); *Avignon* (Vaucluse); *Marseille*, *Arles* (Bouches-du-Rhône); *Chambéry* (Savoie).

Dans les bassins côtiers de la Méditerranée : — *Toulon* (Var); *Montpellier* (Hérault); *Carcassonne*, *Narbonne*, (Aude); *Perpignan* (Pyrénées-Orientales); *Ajaccio*, *Bastia* (Corse); *Nice* (Alpes Maritimes).

DEVELOPPEMENTS.

Situation et limites. — 1. La France est située dans l'hémisphère boréal, par rapport à l'équateur, entre 42° 29′ et 51° 5′ de latitude nord. Les Français se servant comme premier méridien de celui qui passe par Paris, il s'ensuit que, par rapport au méridien, la France est partagée en deux parties à peu près égales, étant située entre 7° 9′ de longitude ouest et 5° 56′ de longitude est. Ses principales dimensions sont : du sud au nord, sous le méridien de Paris, 956 kilomètres, et de l'est à l'ouest, entre le 48° et le 49° parallèle, environ 915 kilomètres.

2. La France a de deux côtés des limites naturelles, à l'ouest le *Pas-de-Calais*, la *Manche*, l'*océan Atlantique* et le *golfe de Gascogne ;* au sud les *Pyrénées* et la *Méditerranée*. A l'est elles sont en grande partie naturelles, en partie politiques ; ce sont, depuis l'annexion de trois nouveaux départements en 1860, la *Roya*, les *Alpes Maritimes*, *Cottiennes*, *Grées*, et *Pennines*, le *lac de Genève ;* une ligne conventionnelle allant du lac, en coupant le Rhône, jusqu'au Jura ; une ligne conventionnelle du Jura au *Rhin* près de Bâle et une partie du cours moyen de ce fleuve jusqu'à la Lauter. Au nord la limite est toute politique ; c'est une suite de places fortes allant du Rhin jusqu'à Dunkerque et coupant à peu près dans le milieu de leurs cours la Moselle, la Meuse et l'Escaut.

MONTAGNES ET RIVIÈRES PRINCIPALES. — 3. Il est d'autant plus important de connaître les rivières et les montagnes de France qu'elles donnent leurs noms, les premières surtout, à la plupart des départements. La France appartient aux deux grands versants de l'Europe, c'est-à-dire qu'elle a une partie de ses eaux qui coulent dans la Méditerranée, l'autre dans l'océan Atlantique, ou dans les mers qu'il forme. En conséquence, elle est traversée par une partie de la *dorsale européenne* ou *ligne générale du partage des eaux*. Cette ligne générale comprend en France les chaînes suivantes : *Corbières occidentales*, partant des Pyrénées orientales entre les sources de l'Aude et de l'Ariége ; *Cévennes méridionales* et *septentrionales ; Côte-d'Or* et *plateau de Langres*, dans le département et près de la ville de ce nom ; *Faucilles*, aux sources de la Saône, ainsi appelées de leur forme demi-circulaire ; *Jura*, entre la France et la Suisse. La ligne générale sort alors de France pour entrer en Suisse et rejoindre les Alpes.

4. Le versant Méditerranéen, beaucoup moins considérable, ne comprend qu'un grand bassin, celui du RHÔNE, dont le cours supérieur est en Suisse. Il reçoit sur la rive droite l'*Ain*, la *Saône* grossie du *Doubs*, l'*Ardèche* et le *Gard ;* sur la rive gauche, l'*Isère*, la *Drôme*, la *Sorgue* sortie de la fontaine de *Vaucluse* et la *Durance*. Quatre petits fleuves côtiers : le *Var* à l'est, l'*Hérault*, l'*Aude*, le *Tet* à l'ouest.

5. Le versant Atlantique comprend quatre grands bassins : Celui du RHIN ou de la mer du Nord. Le Rhin, sorti de la Suisse, n'a sur la frontière de France qu'une petite partie de son cours ; de même son principal affluent français, la *Moselle* séparée de lui par les Vosges ; de même la *Meuse* et l'*Escaut*, qui mêlent leurs eaux avec celles du Rhin, à leurs embouchures.

Le bassin de la SEINE ou de la Manche, séparé du précédent par les Argonnes et Ardennes occidentales et les collines d'Artois. La Seine, sortie du mont Tasselot dans la Côte-d'Or, reçoit à droite l'*Aube*, la *Marne* et l'*Oise* grossie de l'*Aisne ;* à gauche l'*Yonne* et l'*Eure*. Deux petits fleuves côtiers : *Somme* et *Orne*.

Le bassin de la LOIRE ou de l'océan Atlantique, séparé du précédent par les monts du Morvan, les collines du Nivernais, d'Orléans, de Normandie et les monts de Bretagne. La Loire, sortie du mont Gerbier des Jones dans les Cévennes, reçoit à droite la *Nièvre*, la *Maine* formée de la réunion de la *Mayenne* et de la *Sarthe* grossie du *Loir ;* à gauche, l'*Allier*, le *Loiret*, le *Cher*, l'*Indre*, la *Vienne* grossie de la *Creuse*, la *Sèvre Nantaise*. Le principal fleuve côtier est la *Vilaine* grossie de l'*Ille*.

Le bassin de la GIRONDE ou du golfe de Gascogne, séparé du précédent par une chaîne partant du mont Lozère dans les Cévennes et appelée monts d'Auvergne, du Limousin, plateau de Gatine. La Gironde est formée de la réunion, au-dessous de Bordeaux, de la *Garonne* et de la *Dordogne*. La Garonne, sortie du val d'Arran dans les Pyrénées espagnoles, reçoit à droite l'*Ariége*, le *Tarn* grossi de l'*Aveyron* et le *Lot*; à gauche, le *Gers*. La Dordogne, sortie du mont Dore dans les montagnes d'Auvergne, reçoit à droite la *Vézère* grossie de la *Corrèze*. Trois fleuves côtiers : la *Sèvre Niortaise* grossie de la *Vendée*; la *Charente* et l'*Adour*.

CAPITALE. — 6. La capitale de la France est PARIS sur la Seine (1,500,000, hab.), résidence du souverain, des grands corps de l'État et de toutes les administrations centrales, l'une des villes les plus peuplées de l'Europe et la plus magnifique par ses monuments, ses musées, ses établissements littéraires et scientifiques de toutes sortes, facultés, académies, collége de France, observatoire, jardin des plantes. Elles est sans rivale en Europe pour les arts et les objets de luxe dits *articles de Paris*; en même temps sa position au centre du large bassin de la Seine, les nombreuses voies de communication qui y aboutissent, rivières, canaux, chemins de fer, grandes routes, la rendent la première place commerciale de la France et l'une des plus importantes de l'Europe.

GRANDES DIVISIONS TERRITORIALES ; PRINCIPALES VILLES. — 7. La France est divisée en 89 *départements* ou *préfectures*, qui tirent leurs noms ou de leur position ou des accidents physiques du sol, mers, golfes, fleuves, montagnes. Les départements sont subdivisés en *arrondissements* ou *sous-préfectures*, celles-ci en *cantons*, et les cantons en *communes*. Nous énumérerons les départements, en les rangeant par bassin et en indiquant dans chacun d'eux les principales villes.

8. *Départements compris dans le bassin du Rhône.* —

Dans le bassin secondaire de l'*Ain* affluent du Rhône, le dép. de l'Ain, ch.-l. *Bourg;* du Jura, ch.-l. *Lons-le-Saulnier*. Dans le bassin secondaire de la Saône et du Doubs, son affluent, les dép. du Doubs, ch.-l. *Besançon;* de la Haute-Saône, ch.-l. *Vesoul;* de la Cote-d'Or (1), ch.-l. *Dijon;* de la Saône-et-Loire, ch.-l. *Macon*, grand commerce de vins ; vil. princ. *Châlon-sur-Saône*, que sa position sur cette rivière, sur le canal du Centre et le chemin de fer de Paris à Lyon, rend l'entrepôt du commerce des houilles qui abondent dans ce département.

Dans le bassin du Rhône proprement dit, le dép. du Rhône, ch.-l. *Lyon* (292,721 hab.), au confluent du Rhône et de la Saône, la deuxième ville de France par son étendue et sa population ; Lyon est sans rivale en Europe par ses soieries, dont le travail occupant plus de 15,000 ateliers est estimé annuellement à 500 millions de fr. ; les dép. de l'Ardèche, ch.-l. *Privas;* du Gard, ch.-l. *Nîmes*, avec de belles antiquités romaines, la Maison Carrée, les Arènes, et le pont du Gard aux environs ; deux départements nouvellement annexés, la Savoie, dans le bassin supérieur de l'Isère, ch.-l. *Chambéry;* la Haute-Savoie, remarquable par les beautés pittoresques de son sol, le lac de Genève ou Léman qui la baigne au nord, la vallée de Chamouny, le mont Blanc, la plus haute cime de toute l'Europe (4,795^{m}), ch.-l. *Annecy;* l'Isère, ch.-l. *Grenoble;* la Drôme, ch.-l. *Valence;* Vaucluse, ch.-l. *Avignon;* Hautes-Alpes, ch.-l. *Gap;* Basses-Alpes, ch.-l. *Digne;* Bouches-du-

---

(1) Ce département et le suivant n'appartiennent que pour la moitié orientale de leur territoire au bassin du Rhône; le reste de la Côte-d'Or fait partie du bassin de la Seine; le reste de la Saône-et-Loire, du bassin de la Loire.

Rhône, ch.-l. *Marseille*, la troisième ville de France par sa population (233,817 hab.), le premier port commercial de la France, le principal entrepôt de toute la Méditerranée pour le commerce du Levant ; Marseille est en même temps le centre d'une fabrication considérable de savons ; vil. princ. *Aix* et *Arles*, anciennes villes romaines, avec de beaux monuments qui le disputent à ceux de Nîmes. La partie de ce département comprise entre les bras du Rhône forme une île appelée *Camargue*.

9. *Départements compris dans les bassins côtiers de la Méditerranée.* — Les Alpes-Maritimes, nouveau département formé en 1860, ch.-l. *Nice*, célèbre par la douceur de son climat, la beauté et la fertilité de ses environs ; le Var, ch.-l. *Draguignan ;* vil. princ. *Toulon*, le principal port militaire et le grand arsenal maritime de la France sur la Méditerranée ; l'Hérault, ch.-l. *Montpellier*, célèbre Faculté de médecine ; l'Aude, ch.-l. *Carcassonne*, sur l'Aude et le canal du Midi ; vil. princ. *Narbonne*, ancienne ville romaine et commerce de miel renommé ; les Pyrénées-Orientales, ch.-l. *Perpignan ;* la Corse, grande île de la Méditerranée, plus voisine de l'Italie que de la France, ch.-l. *Ajaccio ;* vil. princ. *Bastia*.

Questionnaire.

1. — Quelle est la situation de la France par rapport à l'équateur et au premier méridien en usage en France ? — De quels côtés a-t-elle des limites naturelles ; de quels côtés des limites politiques ?
2. — Combien de versants y a-t-il en France, et quelles chaînes de montagnes les déterminent ? — Combien de bassins ? — Nommez-les avec les grands fleuves, les petits fleuves côtiers et les principales rivières qu'ils renferment.
3. — Quelle est la capitale, et quelles sont les divisions ter-

ritoriales de la France? — Nommez, avec leurs chefs-lieux, les départements compris dans les bassins du Rhône et des petits fleuves côtiers de la Méditerranée. — A quels bassins appartient une partie des départements de la Côte-d'Or et de la Saône-et-Loire? — Par quoi sont remarquables les villes de Châlon-sur-Saône, Lyon, Nîmes, Aix, Marseille, Montpellier? — Quels sont les trois départements nouvellement annexés?

CHAPITRE II.

SUITE DE LA FRANCE.

SOMMAIRE.

Principales villes et départements compris dans les bassins du Rhin, de la Meuse et de l'Escaut : — *Mulhouse* (Haut-Rhin); *Strasbourg* (Bas-Rhin); *Nancy* (Meurthe); *Metz* (Moselle); *Sedan* (Ardennes); *Lille, Valenciennes, Dunkerque* (Nord); *Arras, Boulogne* (Pas-de-Calais).

Dans le bassin de la Seine et les bassins côtiers de la Manche : — *Troyes* (Aube); *Langres* (Haute-Marne); *Châlons, Reims* (Marne); *Saint-Quentin* (Aisne); *Beauvais* (Oise); *Paris* (Seine); *Versailles* (Seine-et-Oise); *Rouen, le Havre, Dieppe, Elbeuf* (Seine-Inférieure); *Chartres* (Eure-et-Loir); *Amiens* (Somme); *Alençon, l'Aigle* (Orne); *Caen* (Calvados); *Cherbourg, Granville* (Manche); *Saint-Brieuc, Guingamp* (Côtes-du-Nord).

Dans le bassin de la Loire et les bassins côtiers de l'Atlantique : — *Le Puy* (Haute-Loire); *Saint-Étienne* (Loire); *Nevers* (Nièvre); *Orléans* (Loiret); *Blois* (Loir-et-Cher); *Tours* (Indre-et-Loire); *Angers, Saumur* (Maine-et-Loire); *Nantes, Saint-Nazaire* (Loire-Inférieure); *Le Mans* (Sarthe); *Clermont-Ferrand* (Puy-de-Dôme); *Moulins, Vichy* (Allier); *Bourges* (Cher); *Limoges* (Haute-Vienne); *Poitiers, Châtellerault* (Vienne); *Aubusson* (Creuse); *Rennes* (Ille-et-Vilaine); *Lorient* (Morbihan); *Brest* (Finistère).

Dans le bassin de la Gironde et les bassins côtiers du golfe de Gascogne : — *Toulouse* (Haute-Garonne); *Montauban*

(Tarn-et-Garonne); *Agen* (Lot-et-Garonne); *Bordeaux* (Gironde); *Auch* (Gers); *Foix* (Ariége); *Alby* (Tarn); *Rodez* (Aveyron); *Cahors* (Lot); *Tulle* (Corrèze); *Périgueux* (Dordogne); *Angoulême* (Charente); *La Rochelle*, *Rochefort* (Charente-Inférieure); *Pau*, *Bayonne* (Basses-Pyrénées).

Population : — 37,000,000 d'habitants.

Colonies : — En Afrique, l'*Algérie*, le *Sénégal*, *Bourbon* ou *la Réunion*. En Asie, *Pondichéry*. Dans l'Amérique du Nord, *Saint-Pierre* et *Miquelon*; dans les Antilles, la *Guadeloupe* et la *Martinique*; dans l'Amérique du Sud, la *Guyane*. En Océanie, les îles *Marquises*, de *la Société* et la *Nouvelle-Calédonie*.

DÉVELOPPEMENTS.

10. *Départements compris dans le bassin du Rhin.* — Dans le bassin du Rhin proprement dit, deux départements : le HAUT-RHIN, ch.-l. *Colmar*; vil. princ. *Mulhouse*, ou *Mulhausen*, sur le canal du Rhône au Rhin et le chemin de fer de Bâle à Strasbourg et à Paris, l'une des villes les plus importantes de France et d'Europe pour la fabrication des toiles peintes; le BAS-RHIN, ch.-l. *Strasbourg* sur l'Ill, près de son confluent avec le Rhin, remarquable par sa belle cathédrale, ses fortifications, ses établissements littéraires et scientifiques; c'est le principal débouché du commerce de la France avec l'Allemagne. Dans le bassin de la Moselle, affluent du Rhin, le dép. des VOSGES, ch.-l. *Épinal*, fabrication d'images; vil. princ. *Plombières*, eaux thermales; le dép. de la MEURTHE, ainsi appelé d'un affluent de la Moselle, ch.-l. *Nancy*, broderies renommées; le dép. de la MOSELLE, ch.-l. *Metz*, l'une des places les plus fortes de France; vil. princ. *Sarreguemines*, faïences et poteries renommées.

11. *Départements compris dans le bassin de la Meuse.* — Le dép. de la MEUSE, ch.-l. *Bar-le-Duc*, ou *Bar-sur-Ornain*; le dép. des ARDENNES, ch.-l. *Mézières*; vil.

princ. *Sedan*, manufactures célèbres de draps fins.

12. *Départements compris dans le bassin de l'Escaut.* — Le dép. du NORD, ainsi appelé de sa position septentrionale, le plus peuplé et le plus riche de la France après celui de la Seine, remarquable à la fois par l'industrie, le commerce et l'agriculture, ch.-l. *Lille*, une des places les plus fortes de France ; vil. princ. *Tourcoing* et *Roubaix*, grande industrie de tapis, étoffes de laine, linge de table ; *Cambray*, *Valenciennes*, toiles fines, dentelles, houille d'*Anzin* ; *Dunkerque*, port de commerce important. Le dép. du PAS-DE-CALAIS (1), arrosé par la *Lys* et la *Scarpe*, affluents de l'Escaut, ch.-l. ARRAS, sur la Scarpe, dentelles, grand commerce d'huile de colza ; vil. princ. *Boulogne*, place forte, port très-fréquenté entre la France et l'Angleterre ; de même *Calais*, sur la partie la plus resserrée du détroit, en face de Douvres, et célèbre par les siéges de 1347 et de 1558.

13. *Départements compris dans le bassin de la Seine.* — Dans le bassin de la Seine proprement dit : le dép. de l'AUBE, arrosé aussi par cet affluent de la Seine, ch.-l. *Troyes*, sur la Seine, fabrique importante de bonneterie; le dép. de SEINE-ET-MARNE, ch.-l. *Melun*, vil. princ. *Fontainebleau*, château et forêt célèbres ; *Provins*, *Meaux*, grand commerce de farines pour l'approvisionnement de Paris : le dép. de la SEINE, ch.-l. *Paris*, (v. § 6) ; s.-pr. *Saint-Denis*, abbaye célèbre, et *Sceaux* ; le dép. de SEINE-ET-OISE, ch.-l. *Versailles*, palais bâti par Louis XIV, et aujourd'hui musée historique consacré à toutes les gloires de la France, parc et jardins célèbres ; vil. princ. *Sèvres*, entre Pa-

(1) La partie sud-ouest de ce département appartient aux petits bassins côtiers de la Manche par ses rivières, la *Canche* et l'*Authie*.

ris et Versailles, manufacture renommée de porcelaines. Le dép. de l'EURE, arrosé aussi par cette rivière et son affluent l'Iton, ch.-l. *Évreux;* vil. princ. *Louviers*, manufactures célèbres de draps ; le dép. de la SEINE-INFÉRIEURE, ch.-l. *Rouen,* patrie de Corneille, et célèbre par ses beaux monuments, cathédrale, église Saint-Ouen, palais de justice ; manufactures importantes de tissus de coton appelés *rouenneries ;* vil. princ. *le Havre,* à l'embouchure de la Seine, centre d'un immense commerce, surtout avec l'Amérique ; *Dieppe*, port important pour la pêche du hareng et de la morue; *Elbeuf*, manufactures de draps renommés.

14. Parmi les affluents de droite de la Seine, dans le bassin de la Marne : le dép. de la HAUTE-MARNE, ch.-l. *Chaumont ;* vil. princ. *Langres*, coutellerie renommée ; le dép. de la MARNE, ch.-l. *Châlons-sur-Marne* ; vil. princ. *Reims*, fabrication importante de tissus de laine, commerce de vins de Champagne. Dans le bassin de l'Oise : le dép. de l'OISE, ch.-l. *Beauvais*, manufacture de tapis renommés; le dép. de l'AISNE, ainsi appelé d'un affluent de l'Oise, ch.-l. *Laon ;* vil. princ. *St.-Quentin*, fabriques célèbres de mousselines, batistes. calicots. Parmi les affluents de gauche de la Seine, dans le bassin de l'Yonne : le dép. de l'YONNE, ch.-l. *Auxerre*, tanneries importantes, commerce de bois de chauffage et de charbon pour Paris ; dans le bassin de l'Eure, le dép. d'EURE-ET-LOIR (1), ch.-l. *Chartres*, belle cathédrale et centre d'un grand commerce des grains de la Beauce.

15. *Départements compris dans les bassins côtiers de la Manche.* — Le dép. de la SOMME, ch.-l. *Amiens*, belle cathédrale gothique, velours, tapis ; vil. princ. *Abbe-*

---

(1) Le sud de ce département appartient au bassin de la Loire.

ville, percales, mousselines. Dans le bassin de l'Orne : le dép. de l'ORNE, ch.-l. *Alençon*, toiles et dentelles renommées ; vil. princ. *l'Aigle,* sur la Rille, grand commerce de clouterie, d'épingles et d'aiguilles ; *Flers*, fabriques importantes de coutils ; le dép. du CALVADOS, ainsi appelé de rochers qui portent ce nom sur la côte du département, ch.-l. *Caen*, sur l'Orne, beaux monuments gothiques, fabriques de dentelles et de toiles ; vil. princ. *Bayeux*, dentelles renommées, calicots, percales. Dans le bassin de la Vire : le dép. de la MANCHE, ch.-l. *St.-Lô ;* vil. princ. *Cherbourg*, un des principaux ports militaires et des plus grands arsenaux maritimes de France, digue célèbre, bassins creusés dans le roc : *Granville*, port de commerce important. Dans le bassin de la Rance : le dép. des CÔTES-DU-NORD, ch.-l. *Saint-Brieuc;* vil. princ. *Guingamp*, toiles de Bretagne renommées.

10. *Départements compris dans le bassin de la Loire.* — Dans le bassin de la Loire proprement dit : le dép. de la HAUTE-LOIRE, ch.-l. *Le Puy*, dentelles, blondes noires ; le dép. de la LOIRE, ch.-l. *St.-Étienne*, immense fabrication de rubans et de velours, d'armes à feu et d'armes blanches, grand commerce de houille ; le dép. de la NIÈVRE (1), ch.-l. *Nevers*, au confluent de la Nièvre et de la Loire, émail, faïences renommées ; vil. princ. *Clamecy*, *Château-Chinon*, grand commerce de bois et de charbon pour Paris.

Le dép. du LOIRET (2), ainsi appelé d'une petite rivière courte, mais profonde qui l'arrose au sud, ch.-l. *Orléans*, grand commerce de vins, vinaigre, bois, position importante au milieu du cours de la Loire, vers

(1) Le nord de ce département appartient au bassin de la Seine.
(2) Le nord de ce département appartient au bassin de la Seine.

le centre de la France, tête de canal et de chemin de fer ; le dép. du LOIR-ET-CHER, ch.-l. *Blois* ; le département d'INDRE-ET-LOIRE, ch.-l. *Tours*, au centre d'un pays appelé pour sa fertilité en fruits le Jardin de la France, commerce de fruits secs, de rillettes, industrie de draps et de soieries ; le dép. de MAINE-ET-LOIRE, ch.-l. *Angers*, ardoisières, toiles à voiles ; vil. princ. *Saumur*, vins renommés, École de cavalerie ; le dép. de la LOIRE-INFÉRIEURE, ch.-l. *Nantes*, grand commerce maritime, surtout avec l'Afrique, fabriques de cordages ; vil. princ. *St.-Nazaire*, à l'embouchure de la Loire, et station des vaisseaux qui ne peuvent remonter jusqu'à Nantes où conduit un chemin de fer.

17. Parmi les affluents de droite de la Loire, dans le bassin de la Sarthe et du Loir : le dép. de la SARTHE, ch.-l. *Le Mans*, toiles, volailles renommées. Dans le bassin de la Mayenne : le dép. de la MAYENNE, ch.-l. *Laval*, commerce de toiles, calicots. Parmi les affluents de gauche de la Loire, dans le bassin de l'Allier : le dép. du PUY-DE-DÔME, ainsi nommé d'une haute montagne qui domine son ch.-l. *Clermont-Ferrand*, commerce important de papiers peints et de pâtes ; vil. princ. *Ambert*, papiers fins pour gravures ; *Thiers*, grosse coutellerie et quincaillerie ; le dép. de l'ALLIER, ch.-l. *Moulins* ; vil. princ. *Vichy*, eaux minérales renommées.

Dans le bassin du Cher : le dép. du CHER, ch.-l. *Bourges*, la ville la plus centrale de France, belle cathédrale gothique ; vil. princ. *Vierzon*, tête de plusieurs chemins de fer, porcelaines et faïences. Dans le bassin de l'Indre : dép. de l'INDRE, ch.-l. *Châteauroux*. Dans le bassin de la Vienne : le dép. de la HAUTE-VIENNE, ch.-l. *Limoges*, manufactures de porcelaines ; vil. princ. *St.-Yrieix*, porcelaines, faïences, carrières de kaolin ; le dép. de la VIENNE : ch.-l. *Poitiers*, ville princ. *Châtellerault*, coutellerie renommée ; le dép. de la CREUSE, ainsi appelé d'un sous-affluent de la Vienne, ch.-l. *Guéret ;* vil. princ. *Aubusson*, manufacture célèbre de tapis.

18. *Départements compris dans les bassins côtiers de l'Atlantique.* — Le dép. d'ILLE-ET-VILAINE (1), ch.-l. *Rennes*, filatures, toiles à voiles ; vil. princ. *St.-Malo*, port sur la Manche, armements pour la pêche de la morue et de la baleine ; le dép. du MORBIHAN, ainsi appelé d'un golfe qui porte le même nom, sur la côte méridionale ; il est arrosé par la Vilaine et le Blavet ; ch.-l. *Vannes* ; vil. princ. *Lorient*, grand port militaire et arsenal maritime, chantiers de construction ; le dép. du FINISTÈRE, ainsi appelé de sa position à l'extrémité occidentale de la France, il est arrosé par l'Aulne ; ch.-l. *Quimper ;* vil. princ. *Brest*, le plus beau et le premier port militaire de France, École navale.

19. *Départements compris dans le bassin de la Gironde.* — Dans le bassin de la Garonne proprement dit sont compris : le département de la HAUTE-GARONNE, ch.-l. *Toulouse*, établissements littéraires célèbres, entre autres, l'Académie des Jeux Floraux qui remonte au quinzième siècle, manufacture importante d'aciers ; le dép. de TARN-ET-GARONNE, ch.-l. *Montauban ;* le dép. de LOT-ET-GARONNE, ch.-l. *Agen*, commerce de farines ; le dép. de la GIRONDE, ch.-l. *Bordeaux*, sur la Garonne, la quatrième ville de France par la population et la richesse, beaux monuments modernes, immense commerce de vins, d'eaux-de-vie et de liqueurs avec l'Europe entière, les Indes et l'Amérique ; villes princ.

(1) Le nord de ce département, comme de celui du Finistère, appartient au bassin côtier de la Manche.

Libourne, *Lesparre*, commerce de vins et vignobles renommés du Médoc.

20. Parmi les affluents de la rive droite de la Garonne, dans le bassin de l'Ariége : le dép. de l'ARIÉGE, ch.-l. *Foix*. Dans le bassin du Tarn : le TARN, ch.-l. *Alby*, belle cathédrale, fabriques de draps et tricots de laine ; vil. princ. *Castres*, cuirs-laines et castorines, gros draps pour l'habillement des troupes; le dép. de l'AVEYRON, ch.-l. *Rodez*, fabriques de serges. Dans le bassin du Lot : le dép. de la LOZÈRE, ainsi nommé de la montagne qui le domine, ch.-l. *Mende;* le dép. du LOT, ch.-l. *Cahors*, récolte de vins spiritueux. Sur la rive gauche de la Garonne, dans le bassin du Gers : le dép. du GERS, ch.-l. *Auch*, commerce de vins et de bestiaux.

21. Dans le bassin de la Dordogne et de son affluent la Vézère, grossie de la Corrèze, sont compris trois départements : le CANTAL (1), ainsi appelé d'une des montagnes d'Auvergne, ch.-l. *Aurillac;* la CORRÈZE, ch.-l. *Tulle;* la DORDOGNE, ch.-l. *Périgueux*, grand commerce de liqueurs fines, de truffes, de bestiaux.

22. *Départements compris dans les bassins côtiers du golfe de Gascogne.* — Dans le bassin de la Charente : le dép. de la CHARENTE, ch.-l. *Angoulême*, papeteries renommées; vil. princ. *Cognac*, entrepôt d'eaux-de-vie célèbres; le dép. de la CHARENTE-INFÉRIEURE, ch.-l. *La Rochelle*, célèbre par le siége de 1628, arsenal maritime et chantiers de construction; vil. princ. *Rochefort*, à l'embouchure de la *Charente*, port militaire et port marchand ; *Saintes*, antiquités romaines, grand commerce d'eaux-de-vie. Dans le bassin de la Sèvre Niortaise et de son affluent la Vendée : le dép. des DEUX-

(1) L'est de ce département appartient au bassin de la Loire.

Sèvres (1), ch.-l. *Niort*, chamoiseries renommées; vil. princ. *Bressuire*, fabriques de flanelles et de serges; le dép. de la Vendée, ch.-l. *Napoléon-Vendée;* vil. princ. *les Sables d'Olonne,* port de mer, grand commerce de poisson et de vins du Midi.

Dans le bassin de l'Adour : le dép. des Hautes-Pyrénées, ch.-l. *Tarbes;* vil. princ. *Barèges*, *Bagnères-de-Bigorre*, eaux thermales célèbres ; le dép. des Landes, ainsi appelé de la nature sablonneuse et stérile du sol, ch.-l. *Mont-de-Marsan*; le dép. des Basses-Pyrénées, ch.-l. *Pau*; vil. princ. *Bayonne*, près de l'embouchure de l'Adour, place forte ; jambons et chocolats renommés, grand commerce avec l'Espagne; *Eaux-Bonnes* et *Eaux-Chaudes*, sources thermales très-renommées.

Population. — 23. La population de la France, en y comprenant celles des trois nouveaux départements, est d'environ 37,000,000 d'habitants. Après le département de la Seine, le plus peuplé de tous (1,727,419) à cause de Paris, les départements où la population est la plus serrée sont ceux qui sont formés de vastes et riches plaines du nord et de l'ouest : les dép. du Nord, Seine-Inférieure, Pas-de-Calais; elle est au contraire la plus rare dans les départements du sud et de l'est voisins des Alpes, des Pyrénées et des Cévennes : Hautes-Alpes, Pyrénées-Orientales, Lozère.

Possessions hors de l'Europe et colonies. — 24. La France possède des colonies dans toutes les parties du monde : en Afrique, l'Algérie, la plus importante de

---

(1) Ce département tire son nom de deux rivières appelées *Sèvre;* l'une au sud, la *Sèvre Niortaise*, passe à Niort; l'autre au nord, la *Sèvre Nantaise*, se jette dans la Loire à Nantes. On voit par là que le nord-est de ce departement appartient au bassin de la Loire.

nos colonies par sa proximité de la France et les riches produits de son sol, céréales, arbres, fruits, métaux, etc.; cap. *Alger*, port important sur la Méditerranée; vil. princ. *Constantine*, place forte dans l'intérieur des terres; *Oran*, port de mer à l'ouest; sur la côte occidentale d'Afrique, les comptoirs du SÉNÉGAL, ch.-l. *Saint-Louis*, à l'embouchure du fleuve; vil. princ. *Gorée*, au sud du cap Vert; sur la côte de Guinée, les ports de *Grand-Bassam*, *Assinie* et *Gabon*, dont le commerce consiste, comme celui du Sénégal, en gomme et en ivoire. Dans la mer des Indes, au sud, l'île BOURBON ou de LA RÉUNION, avec d'importantes plantations de sucre et de café; *Mayotte* et *Nossi-bé*, du groupe des Comores, dans le canal de Mozambique; *Sainte-Marie*, sur la côte orientale de Madagascar.

En Asie, dans les Indes, PONDICHÉRY, ch.-l. de nos possessions indiennes; vil. princ. *Chandernagor*, près de Calcutta, dans le Bengale; *Yanaon* et *Karikal*, sur le golfe de Bengale; *Mahé*, sur la mer d'Oman. En Amérique, les petites îles *Saint-Pierre* et *Miquelon*, auprès du grand banc de Terre-Neuve, dans l'Amérique du Nord, stations fréquentées par les pêcheurs de morues; dans les petites Antilles, les deux tiers de l'île *Saint-Martin*, dont le reste appartient à la Hollande; la GUADELOUPE, la MARTINIQUE, toutes deux riches en plantations de sucre et de café; la *Désirade*, les *Saintes*, et *Marie-Galante*. Dans l'Amérique du Sud, la GUYANE FRANÇAISE, cap. *Cayenne*, lieu de déportation pour les criminels. En Océanie, les îles MARQUISES ou *Mendana*, la *Nouvelle-Calédonie*, l'île de *Clipperton*; les pays placés seulement sous la protection de la France dans cette partie du monde sont les îles TAÏTI ou de *la Société* et les îles *Gambier* dans l'archipel Dangereux.

Questionnaire.

1. — Quels sont les départements compris dans le bassin du Rhin et de ses affluents? — Dans les bassins de la Meuse et de l'Escaut? — Par quoi sont remarquables les villes de Mulhouse, Strasbourg, Plombières, Nancy, Sedan, Lille, Boulogne, Calais? — Par quels affluents de l'Escaut est arrosé le département du Pas-de-Calais?
2. — Quels sont les départements compris dans les bassins de la Seine, de la Marne, de l'Oise, de l'Eure? — Quelles industries et quels commerces distinguent Rouen, le Havre, Elbeuf, Saint-Quentin, Chartres? — Quels sont les départements compris dans les bassins côtiers de la Manche, avec les chefs-lieux de ces départements?
3. — Quels sont les départements compris dans le bassin de la Loire proprement dite? — De l'Allier, de l'Indre, du Cher, de la Vienne? — Dans les bassins côtiers de l'Atlantique? — Par quoi sont remarquables les villes de Saint-Etienne, Orléans, Nantes, Châtellerault, Lorient et Brest? — D'où viennent les noms des départements du Morbihan et du Finistère?
4. — Quels sont les départements compris dans les bassins de la Garonne, de la Dordogne et de leurs affluents, et dans les bassins côtiers du golfe de Gascogne? — Par quoi se distinguent les villes de Toulouse, Bordeaux, La Rochelle et Rochefort.
5. — Quelle est la population de la France, et quelles sont les parties les plus et les moins peuplées? — Quelles sont les colonies de la France dans les diverses parties du monde, et quelle est la plus importante de ces colonies?

CHAPITRE III.

GRANDE-BRETAGNE.

Situation et limites. — Grandes divisions territoriales. — Capitales. — Principales villes. — Population. — Possessions hors de l'Europe et Colonies (1).

SOMMAIRE.

Les îles Britanniques sont bornées au nord et à l'ouest par l'*Atlantique ;* au sud par la *Manche ;* à l'est par la mer du *Nord* et le *Pas-de-Calais.*

Elles se composent de la GRANDE-BRETAGNE, renfermant l'*Angleterre,* l'*Écosse* et la principauté de *Galles ;* de l'IRLANDE, et de plusieurs petites îles ou archipels : *Wight,* les *Scilly* ou *Sorlingues, Jersey, Guernesey* et *Aurigny* dans la Manche; *Man* et *Anglesey* dans la mer d'Irlande; les *Hébrides,* les *Orcades* et les *Shetland* dans l'océan Atlantique.

Les principales montagnes sont les monts de *Ross* et *Grampians* en Ecosse; *Cheviot* entre l'Ecosse et l'Angleterre; *Moorlands* et *Peak* en Angleterre; *Snowdon* dans la principauté de Galles. Les fleuves sont, dans le versant oriental : le *Forth,* l'*Humber* et la *Tamise ;* dans le versant occidental, la *Severn* et la *Mersey ;* en Irlande, le *Shannon.*

Les divisions territoriales sont les *comtés,* au nombre de 40 pour l'Angleterre, 33 pour l'Ecosse, 32 pour l'Irlande, 12 pour la principauté de Galles.

La capitale de tout l'empire Britannique et de l'Angleterre en particulier est LONDRES ; de l'Ecosse, *Édimbourg ;* de l'Irlande, *Dublin.*

Les villes principales sont : en Angleterre, *Portsmouth,* port militaire ; *Liverpool,* port de commerce ; *Birmingham,*

(1) Voir, pour l'intelligence de la première partie de ce chapitre (jusqu'aux colonies), la carte 2e de la partie géographique de notre Atlas.

Manchester, Leeds, Sheffield, villes manufacturières; *Oxford* et *Cambridge,* universités. En Ecosse, *Glascow,* université et ville commerçante. En Irlande, *Belfast* et *Cork,* ports de commerce.

La population des Iles Britanniques est de 28,600,000 habitants.

Les principales possessions et les colonies de l'Angleterre sont : en Europe, *Gibraltar, Malte* et les *îles Ioniennes*; en Asie, l'*Inde, Ceylan* et *Hong-Kong*; en Afrique, le *Cap de Bonne-Espérance,* les îles *Maurice* et *Rodrigues;* en Amérique, le *Canada,* la *Jamaïque,* plusieurs petites Antilles et la *Guyane Anglaise*; en Océanie, l'*Australie,* la *Tasmanie* et la *Nouvelle-Zélande.*

DÉVELOPPEMENTS.

Situation et limites. — 25. On appelle *Grande-Bretagne* et plus proprement *Iles Britanniques* les différentes îles et archipels situés au nord-ouest de l'Europe et soumis à la domination anglaise. Ils sont bornés au N. et à l'O. par l'*océan Atlantique;* au sud par la *Manche* que les Anglais appellent le *canal d'Angleterre;* à l'est par le *Pas-de-Calais,* nommé par les Anglais *détroit de Douvres,* et par la *mer du Nord.*

26. Les Iles Britanniques comprennent deux grandes îles : la *Grande-Bretagne* à l'est, et à l'ouest, l'*Irlande,* séparée de la précédente par le canal du Nord, la mer d'Irlande et le canal de Saint-Georges; plusieurs petites îles répandues sur les côtes des grandes : au sud de la Grande-Bretagne, dans la Manche, les îles *Scilly* ou *Sorlingues,* l'île de *Wight,* et près des côtes de France, les îles *Normandes* ou *Anglo-Normandes,* débris des possessions des rois d'Angleterre en France pendant le moyen âge ; les principales sont *Jersey, Guernesey* et *Aurigny* appelée *Alderney* par les Anglais. Dans la mer d'Irlande, à l'ouest de la Grande-Bretagne, les îles d'*Anglesey* et de *Man;* dans l'océan Atlantique,

celles d'*Arran*, *Islay*, *Mull*, et l'archipel des *Hébrides*, ou *Occidentales :* au nord de la Grande-Bretagne, les archipels des *Orcades* ou *Orkney*, et des *Shetland*.

MONTAGNES ET CAPS ; FLEUVES ET GOLFES. — 27. Du cap *Duncansby*, pointe septentrionale de la Grande-Bretagne, aux caps *Land's End* (Finistère) et *Foreland*, qui forment ses extrémités à l'ouest et à l'est, la Grande-Bretagne est parcourue par une chaîne principale qui forme le partage des eaux entre la mer du Nord à l'est, l'Océan et la mer d'Irlande à l'ouest. Cette chaîne porte les noms : au nord, de montagnes de *Ross*, dont se détachent les monts *Grampians*, et les monts *Cheviot* entre l'Angleterre et l'Écosse ; de monts *Moorlands* au nord de l'Angleterre ; de *Peak*, d'où se détachent à l'ouest les *montagnes de Gâlles* avec le mont *Snowdon*, leur cime principale ; enfin, les *monts de Devon* et *de Cornouailles* au sud-ouest.

Les rivières qu'ils envoient à l'est sont : la *Ness*, dont l'embouchure forme le *golfe de Murray ;* le *Forth*, le *golfe de Forth ;* l'*Humber ;* l'*Ouse* et la *Nen* qui forment le *Wash ;* la *Tamise ;* à l'ouest, la *Clyde* qui tombe dans le golfe du même nom : l'*Eden*, dans le *golfe de Solway ;* la *Mersey ;* la *Severn*, dans le canal de Bristol.

L'Irlande est divisée également en deux grands versants : celui de la mer d'Irlande à l'est, où tombent la *Boyne* et le *Blackwater ;* à l'ouest, celui de l'Océan qui reçoit le *Shannon*. L'Irlande renferme le principal lac des Iles Britanniques, le lac *Neagh* au N.-O.

GRANDES DIVISIONS TERRITORIALES. — 28. Les Iles Britanniques comprennent d'abord trois ROYAUMES : deux dans la Grande-Bretagne, l'*Angleterre* au sud avec l'île de Wight ; l'*Écosse* au nord avec les archipels du Nord et du Nord-Ouest ; l'*Irlande ;* puis une principauté, celle de *Galles* à l'ouest de l'Angleterre, avec l'île d'Anglesey ; enfin les *îles Anglaises*, composées de Man et des îles Normandes, soumises à un gouvernement particulier. Le souverain porte le titre de *Roi* ou *Reine du Royaume-Uni de Grande-Bretagne et d'Irlande*.

29. Les trois Royaumes et la principauté de Galles se divisent à leur tour en circonscriptions territoriales appelées *Comtés*, au nombre de 40 pour l'Angleterre, 33 pour l'Écosse, 32 pour l'Irlande, et 12 pour la principauté de Galles. La plupart portent le nom de leur chef-lieu ; quelques-uns, le nom ancien du pays, tiré de sa position (Ex. : *Northumberland*, pays au nord de l'Humber), ou des peuples qui le conquirent au moyen âge (*Sussex*, *Wessex*, *Essex*, Saxe du Sud, de l'Ouest, de l'Est, etc.).

Capitales. — 30. La capitale du Royaume-Uni de Grande-Bretagne et d'Irlande, comme de tout l'empire Britannique dans les cinq parties du monde, est la ville qui est aussi la capitale particulière de l'Angleterre et du pays de Galles, Londres, sur la Tamise, la première ville du monde entier par sa richesse, sa population qui s'élève à plus de 2,400,000 habitants, son immense commerce terrestre et maritime qui entasse dans les magasins et les bassins célèbres appelés *docks* les produits du monde entier ; ses principaux monuments sont : la cathédrale de *Saint-Paul* bâtie sur le modèle de Saint-Pierre de Rome ; l'abbaye de *Westminster*, sépulture des rois et des grands hommes ; la *Tour*, jadis résidence royale, aujourd'hui arsenal et musée ; enfin le *Tunnel* ou passage souterrain creusé sous le lit de la Tamise par un ingénieur français, Brunel, pour faire communiquer les deux rives du fleuve sans y construire un pont qui eût entravé la navigation. L'Écosse a pour capitale particulière *Édimbourg* (188,700 hab.), l'une des villes les plus savantes de l'Europe, et célèbre par son université, ses Sociétés scientifiques et littéraires, ses imprimeries, son grand commerce de livres. La capitale particulière de l'Irlande est *Dublin* (254,850 habitants), grande ville de commerce, université.

PRINCIPALES VILLES. — 31. Dans l'Angleterre proprement dite, sur les côtes du Pas-de-Calais et de la Manche, dans le comté de Kent, *Douvres*, *Folkestone*, passages fréquentés d'Angleterre en France ; *Canterbury*, premier siége archiépiscopal d'Angleterre ; dans le Hamsphire (1), *Southampton*, centre de paquebots pour le Havre, l'Espagne et le Portugal, l'Amérique et les Indes ; *Portsmouth*, premier port militaire du royaume : dans le Devonshire, *Plymouth*, second port militaire et arsenal maritime : dans le comté de Cornouailles, *Falmouth*, riches mines de cuivre et d'étain ; sur la côte occidentale, dans le Gloucestershire, *Bristol*, le troisième port marchand du royaume ; dans le Lancashire, *Liverpool* (384,263 hab.), le deuxième port marchand du royaume, station des paquebots pour les États-Unis, et le premier entrepôt du monde pour le commerce du coton ; *Manchester* (312,000 hab.), la première ville manufacturière d'Angleterre, où se fabriquent les 4/5 de tout le coton que produit le royaume. Sur la côte orientale, dans le comté de Northumberland, *Newcastle*, centre de l'un des plus riches bassins houillers de l'Angleterre ; dans l'Yorkshire, *York*, le deuxième siége archiépiscopal d'Angleterre ; *Hull*, sur l'Humber, port important ; *Leeds*, centre des filatures de laine et des fabriques de draps ; *Sheffield*, coutellerie et acier renommés. Dans l'intérieur de l'Angleterre, *Birmingham* (233,000 hab.), dans

(1) Le mot *shire*, à la suite d'un nom de ville ou de pays, veut dire *comté*.

le Warwickshire, la seconde ville manufacturière d'Angleterre, fabrication immense d'armes, de quincaillerie, de machines à vapeur. *Oxford* et *Cambridge*, dans les comtés du même nom, universités célèbres.

32. En Écosse, dans le comté de Lanark, *Glascow* sur la Clyde (396,000 hab.), grande ville manufacturière et commerçante, université célèbre; dans le comté de Renfrew, *Greenock*, port de commerce avec l'Amérique; *Paisley*, manufactures de soie et de coton; au nord, *Aberdeen*, dans le comté de ce nom, marine marchande importante et université. En Irlande, au nord, *Belfast* et *Londonderry*, manufactures de lin et de coton et ports importants; à l'O. *Limerick*, sur le Shannon; au sud, *Cork* et *Waterford*, grands ports de commerce.

Population. — 33. La population de l'archipel Britannique est de 28,664,000 habitants, dont 19,523,000 pour l'Angleterre et le pays de Galles; 3,093,000 pour l'Écosse, 6,047,000 pour l'Irlande, le reste pour les petites îles. Elle est de plus de 216,000,000 pour tout l'empire Britannique, si l'on y ajoute 188,000,000 environ qui peuplent les colonies et possessions extra-européennes de la Grande-Bretagne.

Possessions hors de l'Europe et colonies. — 34. L'Angleterre est la première puissance coloniale du monde, comme elle est la première puissance maritime, industrielle et commerçante, le pays le plus riche et le plus libre. Ses colonies et dépendances, répandues dans les cinq parties du monde, présentent une superficie territoriale et une population bien plus considérables que celles de la métropole (1).

(1) Nous donnons ici, en raison de l'importance de cette matière, le tableau complet des colonies Britanniques, d'après les documents officiels anglais : nous marquons en PLUS GROS CARACTÈRES les prin-

35. En Europe, *Helgoland*, île située dans la mer du Nord, sur les côtes d'Allemagne et de Danemark, entre les embouchures de l'Elbe et du Weser qu'elle domine. Dans la Méditerranée, GIBRALTAR, place imprenable sur la côte d'Espagne, commandant le passage entre la Méditerranée et l'Océan ; MALTE, au centre de la Méditerranée, entre la Sicile et l'Afrique; cap. *La Valette*, une des plus fortes places du monde; les ILES IONIENNES, à l'entrée de l'Adriatique, entre l'Italie et la Grèce, appelées *République de Sept-Iles*, et placées sous le protectorat de l'Angleterre qui y tient garnison; ch.-l. *Corfou*, dans l'île de ce nom, port militaire et commerçant.

36. En Asie, l'île de *Périm*, récemment occupée par les Anglais (1857) à l'entrée du détroit de Bal-el-Mandeb, entre l'Arabie et l'Afrique ; *Aden*, sur la côte d'Arabie, place forte et dépôt de charbon pour les paquebots anglais allant dans l'Inde ; l'empire INDO-BRITANNIQUE, comprenant dans la grande presqu'île de l'Indoustan et sur la côte occidentale de l'Indo-Chine : 1° les pays administrés *immédiatement* aujourd'hui par le gouvernement anglais lui-même, et jusqu'en 1858 par la célèbre *Compagnie des Indes* ; 2° les pays *médiats* ou *tributaires* et renfermant les premiers plus de 131,000,000 d'habitants, les seconds près de 49 ; vill. princ. dans l'Indoustan, CALCUTTA, la capitale de tout l'empire Indo-Britannique, *Bombay* et *Madras ;* dans l'Indo-Chine, *Pégou*, *Malacca* et *Singapoure*, les deux dernières commandant le passage entre la mer des Indes et

cipales de ces colonies, celles dont il faut exiger des élèves la connaissance plus particulière. Voir, pour les possessions d'Europe, les cartes d'*Allemagne*, d'*Espagne*, d'*Italie* et de *Grèce ;* pour les colonies extra-européennes, les cartes de chaque partie du monde.

le grand Océan. L'île de CEYLAN, au sud de l'Indoustan, a toujours dépendu immédiatement de la couronne d'Angleterre : l'île de HONG-KONG, sur les côtes de Chine, à peu de distance de Canton (1).

37. En Afrique, sur le continent, les comptoirs de la *Gambie*, ch.-l. *Bathurst*, à l'embouchure de la rivière ; la colonie de *Sierra-Leone*, ch.-l. *Freetown* ; celle de la *Guinée*, ch.-l. *Cap-Corse* ou *Cap-Coast-Castle* ; celle du CAP DE BONNE-ESPÉRANCE au sud de l'Afrique, ch.-l. *Cape-Town* ou *le Cap* ; celle de *Natal* ou de *Victoria*, ch.-l. *Port-Natal*. Dans les îles : les *Seychelles*, MAURICE ou *Ile de France*, et *Rodrigues* dans la mer des Indes ; *Fernando-Po* dans le golfe de Guinée ; *Sainte-Hélène* et l'*Ascension* dans l'océan Atlantique.

38. Dans l'Amérique du Nord, tout le pays compris entre les cinq grands lacs au sud, les terres polaires au nord, les deux Océans à l'ouest et à l'est, pays appelé en général *Amérique Anglaise* ou *Nouvelle-Bretagne* et comprenant sept colonies : le CANADA, dans le bassin septentrional du fleuve Saint-Laurent, peuplé de plus de 2,500,000 habitants, cap. *Québec*, ville forte et port de commerce important pour les fourrures ; le NOUVEAU-BRUNSWICK, au sud du Canada ; la NOUVELLE-ÉCOSSE, ou *Acadie*, ch.-l. *Halifax* ; l'île du *Prince Édouard* ou *Saint-Jean* dans le golfe Saint-Laurent ; la grande île TERRE-NEUVE, ch.-l. *Saint-John*, et voisine du fameux banc de sable où se pêchent les morues ; la COLOMBIE ANGLAISE, à l'O. entre les Montagnes Rocheuses et l'océan Pacifique, avec l'île de *Vancouver* : ch.-l. *New-Westminster*, à l'embouchure du Fraser, important par les riches mines d'or que renferme son

(1) Voir, pour plus de détails sur l'Inde Anglaise, le chapitre XI du *Cours de sixième*.

bassin; le *territoire de la Compagnie de la baie d'Hudson*, comprenant tous les pays glacés où une Compagnie anglaise entretient des chasseurs pour le commerce des pelleteries. Dans l'Amérique centrale, la colonie de *Balise*, importante par l'exportation du bois de campêche.

39. Dans les îles situées entre les deux Amériques et appelées INDES OCCIDENTALES (1), les *Bermudes;* les *Lucayes* ou *Bahama*, parmi lesquelles *Guanahani* ou *San-Salvador*, la première terre découverte en 1492 par Christophe Colomb; la JAMAÏQUE, une des grandes Antilles, commerce de sucre, de café, de rhum et autres liqueurs, ch.-l. *Kingston;* les îles *Turques* et *Caïques;* la plus grande partie des PETITES ANTILLES, parmi lesquelles les *Vierges*, *Saint-Christophe*, *Antigoa*, la *Barboude*, *Montserrat*, *Nevis*, la DOMINIQUE, SAINTE-LUCIE, *Saint-Vincent*, la *Barbade*, la *Grenade*, *Tabago* et la TRINITÉ, aux bouches de l'Orénoque. Dans l'Amérique du Sud, la GUYANE ANGLAISE, ch.-l. *Stabrok* ou *George-Town;* les îles *Malouines* ou *Falkland*, au sud, près du détroit de Magellan.

40. Dans l'Océanie, les six colonies de l'*Australie* ou *Nouvelle-Hollande*, savoir : le QUEENSLAND, ch.-l. *Brisbane;* la NOUVELLE GALLES DU SUD, ch.-l. *Sidney*, commerce important de laines; l'AUSTRALIE HEUREUSE ou VICTORIA, riches mines d'or, ch.-l. *Melbourne;* l'AUSTRALIE MÉRIDIONALE, ch.-l. *Adélaïde*; l'AUSTRALIE OCCI-

(1) Christophe Colomb qui cherchait la route des Indes par l'ouest, crut être arrivé dans ce pays lorsqu'il toucha l'Amérique, et en nomma les habitants Indiens, nom conservé à tous les indigènes de l'Amérique, même depuis que l'erreur de Colomb a été découverte. Le nom d'*Indes Occidentales*, par opposition aux Indes Orientales d'Asie, n'est plus donné qu'aux archipels nombreux qui s'étendent entre les deux Amériques.

DENTALE, ch.-l. *Perth;* l'AUSTRALIE SEPTENTRIONALE, ch.-l. *Victoria* ou *Port-Essington*. Au sud de l'Australie, la TASMANIE ou *Terre de Van Diemen*, ch.-l. *Hobart-Town*, colonie dont relève l'île de *Norfolk*, située à l'est et lieu de déportation. La NOUVELLE-ZÉLANDE, ch.-l. *Auckland* dans l'île du Nord. Enfin sur la côte N.-O. de Bornéo, l'île *Labouan*, station importante par ses mines de houille entre Singapoure et Hong-Kong.

Questionnaire.

1. — Quelles sont les limites des Iles Britanniques et quelles sont les îles que l'on comprend sous ce nom? — Quelles sont les principales rivières et montagnes de la Grande-Bretagne et de l'Irlande?
2. — Quels sont les trois Royaumes et la principauté comprise dans les Iles Britanniques? — Qu'appelle-t-on les îles anglaises? — Comment se divisent administrativement les Iles Britanniques? — Quels sont les principaux monuments de Londres, et quelle est la population de cette ville? — Quelles sont les capitales particulières de l'Écosse et de l'Irlande?
3. — Par quoi sont remarquables les villes de Portsmouth, Liverpool, Manchester, Newcastle, Birmingham, Oxford et Cambridge? — Quelle est la population des Iles Britanniques, de tout l'empire Britannique?
4. — Quelles sont les possessions anglaises en Europe, sur les côtes d'Arabie et de Chine? — Que comprend l'empire Indo-Britannique? — Quelle est la principale colonie africaine, américaine? — Quelles sont les colonies Océaniennes, et par quoi sont remarquables les villes de Sidney, Melbourne et l'île Labouan.

CHAPITRE IV.

BELGIQUE, PAYS-BAS, ÉTATS SCANDINAVES.

Situation et limites. — Grandes divisions territoriales. — Capitales. — Principales villes. — Population. — Possessions hors de l'Europe et Colonies (1).

SOMMAIRE.

§ 1. — La Belgique est bornée au nord par les Pays-Bas, à l'est par l'Allemagne, au sud par la France, à l'ouest par l'océan Atlantique.

Les principaux cours d'eau sont l'*Escaut* et la *Meuse*.

Elle est divisée en neuf provinces, a pour capitale BRUXELLES et pour villes principales *Gand*, *Anvers*, *Malines*, *Liége*.

Sa population est de 4 millions et demi d'habitants. Elle n'a pas de colonies.

§ 2. — Les Pays-Bas ou Hollande sont bornés au nord et à l'ouest par l'Atlantique, à l'est par l'Allemagne, au sud par la Belgique. Les cours d'eau importants sont l'*Escaut*, la *Meuse* et le RHIN, divisé en quatre bras, *Yssel*, *Wahal*, *Leck* et *Vieux-Rhin*.

Les Pays-Bas sont divisés en 12 provinces, dont deux, le *Luxembourg* et le *Limbourg hollandais*, font partie de la Confédération germanique.

Les capitales sont AMSTERDAM, la ville la plus peuplée, la plus industrieuse, et LA HAYE, résidence du souverain. Les villes importantes sont *Leyde*, *Rotterdam*, *Utrecht*. La population est de 3 millions et demi d'habitants.

. colonies hollandaises sont les plus étendues et les plus riches après celles de l'Angleterre; les principales sont la *Guyane Hollandaise*, dans l'Amérique du Sud; et dans

(1) Voir, pour l'intelligence des deux premiers paragraphes de ce chapitre, la carte 3 (*Allemagne et autres États de l'Europe centrale*) de notre Atlas.

l'Océanie, les *îles de la Sonde*, dont la principale, *Java*, renferme la capitale de toutes ces possessions, *Batavia*; les îles *Moluques*, le sud de *Bornéo*, etc.

§ 3. — On appelle ÉTATS SCANDINAVES le *Danemark*, la *Suède* et la *Norwége*.

Le Danemark est situé entre la Norwége au nord, la Suède à l'est, l'Allemagne au sud, la mer du Nord à l'ouest.

Son principal cours d'eau est l'*Eyder*, qui, au moyen du *canal de Kiel*, fait communiquer la mer du Nord avec la Baltique. Il se divise en quatre grands gouvernements, deux dans le ROYAUME proprement dit, *Jutland* et *Iles*; deux pour les DUCHÉS, *Sleswig*, *Holstein* et *Lauenbourg* : ces deux derniers font partie de la Confédération germanique.

La capitale est COPENHAGUE, dans l'île de Seeland; les villes principales, *Elseneur*, dans la même île, autrefois péage du Sund; *Kiel* et *Altona*, dans le Holstein : population, près de 3 millions d'habitants. Colonies, le *Groenland* et trois îles des petites Antilles, *Saint-Thomas*, *Sainte-Croix*, *Saint-Jean*.

La Suède et la Norwége forment deux royaumes distincts pour l'administration, quoique ayant le même souverain. Ils sont situés entre la Russie à l'est, l'Allemagne et le Danemark au sud, et baignés à l'ouest et au nord par les océans Atlantique et Glacial. — Les monts *Dofrines* ou *Alpes scandinaves* séparent la Suède de la Norwége.

Fleuves : Le *Glommen*, en Norwége; *Tornéa*, *Dal*, *Gota*, en Suède; lacs *Mélar*, *Hielmar*, *Wettern* et *Wenern*; communication par ces deux derniers, la rivière de Gota et le *canal de Gota* entre le Cattégat et la Baltique.

La Suède est divisée en 24 *læns* ou préfectures; la Norwége en 5 *stifts* ou diocèses. Capitales, STOCKHOLM pour la Suède; CHRISTIANIA pour la Norwége. Villes principales : *Upsal* et *Goteborg*, en Suède; *Bergen* et *Drontheim*, en Norwége.

Population : 3 millions et demi en Suède, un million et demi en Norwége. — Une seule colonie suédoise, l'île de *Saint-Barthélemy*, dans les petites Antilles.

DÉVELOPPEMENTS.

§ I. — *Belgique.*

Situation et limites. — 41. La Belgique est située entre la Hollande, l'Allemagne et la France. Elle est bornée au N. par les provinces hollandaises de *Zélande* et de *Brabant;* à l'est par le *Limbourg* et le *Luxembourg hollandais* et la province prussienne du *Rhin;* au S. par les départements français de la *Moselle,* de la *Meuse,* des *Ardennes,* et du *Nord;* à l'O. par la *mer du Nord.*

Montagnes, fleuves. — 42. La Belgique offre quelques hauteurs dans le sud-est : les *collines de Belgique,* prolongation des Ardennes occidentales de France, à l'ouest de la Meuse, et les *Ardennes orientales* entre la Meuse et la Moselle. Les deux principales rivières dont aucune n'a sa source ni son embouchure en Belgique sont : la Meuse, grossie à droite de l'*Ourte,* à gauche de la *Sambre,* et l'Escaut accru de la *Lys.*

Grandes divisions territoriales. — 43. La Belgique est divisée en 9 provinces : à l'O. la *Flandre occidentale* et la *Flandre orientale;* au N. la *province d'Anvers* et le *Limbourg belge;* au centre le *Brabant méridional;* au S. le *Hainaut* et la *province de Namur;* à l'E. la *province de Liége* et le *Luxembourg belge.*

Capitale. — 43. Bruxelles, dans le Brabant, sur la Senne (163,000 hab.); beaux monuments et grand commerce, surtout de dentelles.

Villes principales. — 44. Dans la Flandre occidentale, *Bruges,* commerce considérable au moyen de canaux qui la font communiquer avec la mer; dans la Flandre orientale, *Gand* (115,296 hab.), grande industrie de draps; dans la province d'Anvers, *Anvers,* sur l'Escaut, grand commerce par le fleuve, place forte; *Malines*, dentelles renommées; dans le Brabant méridional, *Louvain*, université célèbre; dans le Hainaut, *Mons*, *Charleroi*, places fortes et centres d'une immense exploitation de houille; dans la province de Namur, *Namur*, au confluent de la Sambre et de la Meuse, ville forte et industrielle; dans la province de Liége, *Liége* (92,800 hab.), au confluent de l'Ourte et de la Meuse, forte citadelle, riches mines de houille et importantes manufactures d'armes à feu et de machines à vapeur; *Spa*, eaux minérales célèbres.

POPULATION. — 45. La Belgique, l'un des pays les plus peuplés de l'Europe par rapport à son étendue, a une population de 4,623,000 habitants. Elle ne possède aucune colonie.

§ II. — *Pays-Bas*.

SITUATION ET LIMITES. — 46. Le royaume de *Hollande*, ou des *Pays-Bas*, ainsi appelé parce que le pays est en grande partie au-dessous du niveau de la mer contre laquelle il est garanti par de fortes digues, est situé entre la Belgique, la Confédération germanique et la mer. Il est borné au S. par les provinces belges de *Flandre*, d'*Anvers*, de *Limbourg* et par une partie du département français de la *Moselle*; à l'E. par la province prussienne du *Rhin* et le royaume de *Hanovre*; à l'O. par la *mer du Nord*, et au N. par la même mer qui forme sur les côtes le golfe profond du *Zuyderzée*. Ce golfe communiquait autrefois, par le golfe de l'Y avec une petite mer intérieure aujourd'hui desséchée, la mer de Haarlem.

FLEUVES. — 47. Les Pays-Bas ne présentent aucune hauteur digne d'être citée. Les principaux fleuves dont la Hollande ne possède que les embouchures sont :

l'ESCAUT, divisé en *Escaut oriental* et *occidental;* la MEUSE, qui mêle avant d'arriver à la mer une partie de ses eaux à celles du Rhin et entoure, comme l'Escaut, une foule d'îles basses de ses eaux; enfin le RHIN, qui se sépare en quatre bras : l'*Yssel* va se jeter dans le Zuyderzée; le *Wahal* et le *Lech* se mêlent à la Meuse; le *Vieux-Rhin,* le bras le plus faible, se jette à la mer du Nord au-dessous de Leyde, au milieu des sables dans lesquels on lui a creusé au commencement de ce siècle un lit plus profond, maintenu par de fortes écluses.

GRANDES DIVISIONS TERRITORIALES. — 48. Les Pays-Bas sont divisés en 12 provinces; trois au nord : celles de *Groningue,* de *Frise,* et de *Drenthe;* trois à l'ouest, *Hollande septentrionale, Hollande méridionale, Zélande;* une au centre, la *Province d'Utrecht;* une au midi, le *Brabant hollandais* ou *septentrional;* quatre à l'est, l'*Over-Yssel,* la *Gueldre,* le *Limbourg hollandais,* et le *Luxembourg hollandais.* Cette dernière province, soumise à un gouvernement particulier, fait partie, ainsi que le Limbourg, de la Confédération germanique.

CAPITALES. — 49. La capitale politique du royaume, la ville où résident le roi et les principales autorités, est LA HAYE, dans la Hollande méridionale (76,000 habitants). Mais la véritable capitale par son importance, sa richesse, sa population (260,000 hab.), et ses souvenirs historiques, est AMSTERDAM, dans la Hollande septentrionale, à l'embouchure de la petite rivière de l'Amstel, et à l'entrée du golfe de l'Y, enfoncement du Zuyderzée; elle est bâtie sur pilotis et traversée par de nombreux canaux, qui forment comme une centaine d'îles reliées entre elles par 300 ponts : cette disposition, ainsi que son grand commerce et sa puissance maritime, l'a fait surnommer la *Venise du Nord;* elle est le centre d'une industrie toute particulière, la taille des diamants.

VILLES PRINCIPALES — 50. Dans la province de Groningue, *Groningue*, université célèbre; dans la Frise, *Leuwarden*, ville forte ; dans la Hollande septentrionale, le *Helder*, principal port militaire ; dans la Hollande méridionale, *Leyde* sur le Vieux-Rhin, université célèbre ; *Rotterdam*, sur un bras de la Meuse, excellent port, grande pêche maritime, chantiers renommés ; dans la Zélande, *Flessingue*, dans l'île Walcheren, port militaire et de commerce ; dans la province d'Utrecht, *Utrecht*, célèbre par son université et ses fabriques de velours ; dans le Limbourg, *Maëstricht*, sur la Meuse, place très-forte ; dans le Luxembourg, *Luxembourg*, place forte.

POPULATION. — 51. La population de la Hollande est de 3,543,000 habitants.

POSSESSIONS HORS DE L'EUROPE ET COLONIES. — 52. Les Pays-Bas sont, après l'Angleterre, la plus grande puissance coloniale du monde. En Afrique, ils possèdent plusieurs comptoirs dont le principal est *Saint-Georges de la Mine*, sur la côte de Guinée. En Amérique, la GUYANE HOLLANDAISE, capitale *Paramaribo*, et plusieurs des petites Antilles, le tiers de *Saint-Martin*, dont le reste est à la France, *Saint-Eustache*, *Saba*, et dans les îles sous le vent, sur la côte nord de l'Amérique méridionale, *Curaçao*, *Arouba* et *Buen-Ayre*. En Océanie, la plus grande partie de la Malaisie, entre autres les îles de *la Sonde*, JAVA, capitale *Batavia* (70,000 hab.), port militaire et arsenal, ch.-l. de toutes les possessions hollandaises de l'Océanie, les petites îles voisines de *Bali*, *Madoura*, *Lombok*, *Sumbava*, la moitié de *Timor*; le sud-ouest de la grande île de SUMATRA, ch.-l. *Padang* ; le sud de BORNÉO, ch.-l. *Bandermassing* ; les petites îles de *Banka* et de *Billiton*, CÉLÈBES ; l'archipel des MOLUQUES, entre autres *Gilolo, Ceram, Ternate, Tidor, Amboine,* et *Banda ;* enfin la partie occidentale de la *Papouasie.* Les colonies sont peuplées par plus de 16 millions d'indigènes, et font un grand commerce d'épices, cannelle, girofle, etc., et de métaux, entre autres d'étain.

§ III. — *États Scandinaves* (1).

53. On appelle *États Scandinaves* les trois royaumes de *Danemark*, de *Suède* et de *Norwége* habités par des peuples de même origine, et parlant des dialectes de la même langue. La Suède et la Norwége ont le même souverain ; le Danemark forme à lui seul un État particulier.

DANEMARK.

SITUATION ET LIMITES. — 54. Le Danemark, formé d'une partie péninsulaire, la presqu'île du *Jutland*, et d'une partie insulaire appelée l'*archipel Danois*, est situé entre la Norwége, la Suède et l'Allemagne, et séparé de la première au nord par le *Skager-Rack ;* de la seconde à l'est par le *Cattégat*, le *Sund* et la *Baltique ;* de la troisième au sud par l'*Elbe;* à l'ouest il est baigné par la *mer du Nord*.

FLEUVES. — 55. Formé de terres basses défendues par des digues contre les irruptions de la mer, et bordé de côtes qui laissent pénétrer la mer dans l'intérieur par

---

(1) Voir, pour l'intelligence de ce paragraphe, la carte de *Suède* et de *Norwége*, qui renferme le Danemark jusqu'à l'Eyder, et pour le Holstein et Lauenbourg, la carte de l'*Allemagne*.

des golfes profonds appelés *Fiords*, le Danemark ne présente aucune hauteur digne d'être mentionnée. Son seul cours d'eau remarquable est l'*Eyder*, qui sépare le Sleswig du Holstein et se jette dans la mer du Nord : un canal, qui débouche à Kiel, sur la Baltique, fait communiquer cette mer par l'Eyder avec la mer du Nord et évite aux navires de commerce d'un faible tonnage la nécessité de contourner le Jutland et de s'engager dans les détroits de l'archipel Danois, Sund, Grand-Belt ou Petit-Belt.

Grandes divisions territoriales. — 56. La monarchie danoise se compose de deux grandes parties : 1° le Royaume proprement dit, comprenant deux *gouvernements*, celui du Jutland, formé de cette partie septentrionale de la péninsule et des îles *Fionie* et *Langeland;* celui des Iles, qui renferme les îles de *Séeland*, *Laaland*, *Falster*, *Moen* dans l'archipel Danois, *Bornholm* dans la Baltique, le groupe des *Far-Oer* et l'*Islande* au N.-O. de l'océan Atlantique ; 2° les Duchés au nombre de trois, le *Sleswig*, formant à lui seul un gouvernement ; le *Holstein* et le *Lauenbourg*, gouvernement situé au sud de l'Eyder, et faisant partie de la Confédération germanique.

Capitale. — 57. Copenhague, sur la côte orientale de l'île de Séeland, 143,591 habitants, magnifique port militaire et de commerce, université et établissements littéraires et scientifiques.

Villes principales. — 58. Dans la même île, au N. *Helsingor* ou *Elseneur*, sur la partie la plus étroite du Sund, port où les vaisseaux qui franchissent ce détroit acquittaient autrefois un péage destiné dans l'origine à indemniser le Danemark des dépenses qu'il avait faites pour faciliter la navigation dans ces passages resserrés ; dans le Holstein, *Kiel*, vaste port sur la Baltique, et université ; *Altona*, place de commerce importante sur l'Elbe, presque aux portes de la ville allemande de Hambourg.

Population. — 59. La population du Danemark est environ de 2,915,000 habitants.

Colonies. — 60. Le Danemark possédait autrefois des colonies sur la côte de Guinée (Christianborg) et dans l'Indoustan (Tranquebar) : il les a vendues à l'Angleterre ; il ne lui reste plus que ses établissements sur la côte occidentale du *Groenland* en Amérique, et, dans les petites Antilles, *Saint-Thomas*, *Sainte-Croix* et *Saint-Jean*. Les Danois avaient fondé aux îles Nicobar, dans le golfe du Bengale, des établissements que l'insalubrité du climat les a forcés d'abandonner.

SUÈDE ET NORWÉGE.

Situation et limites. — 61. Ces deux royaumes réunis sous l'autorité du même souverain sont bornés, à l'est, vers la Russie par le petit fleuve *Tana*, tributaire de l'océan Glacial Arctique, par le *Muonio*, affluent de la Tornéa, par la *Tornéa* elle-même, le *golfe de Bôthnie*, la *Baltique ;* au S. vers l'Allemagne par la *Baltique ;* au S.-O. vers le Danemark et à l'O. par le *Sund*, le *Cattégat*, le *Skager-Rack*, la *mer du Nord* et l'*océan Atlantique ;* au N. par l'*océan Glacial Arctique*, dans lequel se trouvent les îles de *Loffoden*, l'*archipel de Tromsoé*, et l'île de *Mageroé*, qui renferme le *cap Nord*, le point extrême vers le nord des *terres européennes* voisines du continent ; auprès de lui, à l'est, est le cap *Nork-Kyn*, le plus septentrional du *continent européen*.

Montagnes, fleuves, lacs. — 62. La Suède et la Norwége sont séparées dans la plus grande partie de leur étendue, surtout au N. et au centre, par une chaîne importante appelée *Dofrines* ou *Alpes Scandinaves*, beaucoup plus voisine de l'océan Glacial et de l'Atlantique que de la Baltique. C'est ce qui explique pourquoi le versant occidental, ou de la Norwége, n'a que des fleuves peu importants, à l'exception du *Glommen* qui se jette au S. dans le Skager-Rack ; le versant oriental, ou de la Suède, envoie au golfe de Bothnie la *Tornéa*, la *Luléa*, la *Pitéa*, l'*Uméa* et le *Dal :* ces fleuves sortent tous de lacs situés sur le flanc des montagnes et rencontrent ensuite dans leur cours moyen des excavations qu'ils remplissent en formant autant de petits lacs très-allongés, mais d'une largeur peu considérable.

Au contraire dans le sud de la Suède s'étendent en vastes nappes, quatre grands lacs, *Mélar*, *Hielmar*, *Wettern* et *Wenern*. Ce dernier communique par la rivière de *Gota*, qui débouche à Goteborg, avec le Cattégat ; et avec le lac Wettern, puis avec la Baltique par le *canal de Gota*, qui permet aux vaisseaux suédois de passer d'une mer à l'autre sans franchir le Sund et sans contourner le sud de la Suède.

Grandes divisions territoriales. — 63. La Suède comprend 3 grandes régions : au S. la *Gothie*, dont font partie les îles d'Œland et de Gothland ; au centre la *Suède propre ;* au N. le *Nordland* ou pays du Nord : ces trois parties se divisent en 24 *læns* ou préfectures, qui portent le nom de leurs chefs-lieux. La Norwége comprend 5 *stifts* ou diocèses, subdivisés en 17 *amts* ou bailliages.

Capitales. — 64. La capitale de la Suède propre est Stockholm, au débouché du lac Mélar dans la Baltique : port vaste et sûr, 101,000 habitants. La Norwége, entièrement séparée pour toutes les branches de l'administration de la Suède avec qui elle n'a de commun que le souverain, a pour capitale CHRISTIANIA, 39,000 habitants, place très-commerçante, université.

VILLES PRINCIPALES. — 65. En Suède, *Upsal* ou *Upsala*, au N. de Stockholm, l'une des plus célèbres universités de l'Europe; *Carlscrona*, au sud, sur la Baltique, premier port militaire et grand arsenal maritime du royaume ; *Goteborg* ou *Gothenbourg*, sur le Cattégat, au débouché de la Gota, 30,000 habitants, la principale ville de commerce du royaume et port militaire. En Norwége, *Bergen* et *Drontheim* sur l'Atlantique, les deux ports principaux de commerce de Norwége pour l'exportation des bois de construction, du fer et du cuivre.

POPULATION. — 66. La population de la Suède est de 3,639,332 habitants ; celle de la Norwége de 1,433,488.

COLONIES. — 67. La Suède ne possède qu'une seule colonie, l'île de *Saint-Barthélemy*, dans les petites Antilles.

Questionnaire.

1. — Quels sont les fleuves de la Belgique? — Par quoi sont remarquables les villes de Gand, Mons, Malines, Liége?
2. — D'où vient le nom de Pays-Bas? — Comment se divise le Rhin? — Quelles sont les provinces qui font partie de la Confédération germanique? — Par quoi est remarquable la ville d'Amsterdam, et quelle est l'autre capitale des Pays-Bas? — Quelles sont les principales colonies hollandaises en Afrique, en Amérique, en Océanie?
3. — Qu'appelle-t-on États scandinaves? — Quel est le cours d'eau important du Danemark? — Quelles sont les divisions de ce royaume et quels duchés appartiennent à la Confédération germanique? — Dans quelle île est

située la capitale, et par quoi est remarquable la ville d'Elseneur? — Quelles colonies restent aujourd'hui au Danemark ?

4. — Quelles sont les limites de la Suède et de la Norwége, et quelle chaîne de montagnes les sépare? — Quels sont les principaux lacs de la Suède, et comment font-ils communiquer le Cattégat avec la Baltique? — Quelle est la capitale de chacun des deux royaumes, et par quoi sont remarquables les villes d'Upsal, Goteborg, Bergen et Drontheim? — Quelle est la seule colonie de la Suède?

CHAPITRE V.

CONFÉDÉRATION GERMANIQUE.

Situation et limites. — Grandes divisions territoriales. — Capitales. — Principales villes. — Population. — Possessions hors de l'Europe et Colonies (1).

La Confédération germanique est située au centre de l'Europe. — Limites naturelles de deux côtés : au nord la Baltique, l'Eyder et la mer du Nord ; au sud diverses branches des Alpes et l'Adriatique. Limites politiques des deux autres côtés : à l'ouest la Belgique, la Hollande et la France ; à l'est la Hongrie, la Pologne, les provinces Prussiennes de Posen et de Prusse propre.

Les principaux fleuves sont au nord l'Oder, l'Elbe, le Weser, l'Ems et le Rhin ; au sud le Danube.

La capitale de la Confédération est FRANCFORT-SUR-LE-MEIN, où se réunit la Diète ou Assemblée qui règle les affaires générales de la Confédération.

Chaque État est indépendant dans son gouvernement intérieur et a sa capitale. Quatre États n'ont qu'une partie de

---

(1) Voir, pour l'intelligence de ce chapitre, la carte troisième (*Allemagne et Europe centrale*) de notre Atlas.

leur territoire dans la Confédération ; ce sont : l'*Autriche*, la *Prusse*, le *Danemark* et les *Pays-Bas*.
Les 31 autres sont entièrement Allemands. Les principaux sont les quatre royaumes de *Bavière* (Munich), *Saxe* (Dresde), *Hanovre* (Hanovre), et *Wurtemberg* (Stuttgard) ; l'Electorat de *Hesse* (Cassel) ; les grands-duchés de *Bade* (Carlsruhe), de *Hesse* (Darmstadt), de *Mecklembourg-Schwerin* et *Strélitz* (Schwerin et Strélitz), de *Saxe-Weimar* (Weimar), et les quatre villes libres de *Lubeck*, *Francfort-sur-le-Mein*, *Brême* et *Hambourg*.
La population totale de la Confédération germanique est de 43,391,000 habitants.
Aucun de ces États ne possède de colonies.

DÉVELOPPEMENTS.

Situation et limites. — 68. On appelle *Confédération germanique* l'union formée par trente-cinq États de l'Allemagne, appelée autrefois *Germanie*. La Confédération germanique est située environ au centre de l'Europe et bornée au nord par la Baltique, l'Eyder et la mer du Nord ; à l'ouest, par la Hollande, la Belgique et la France, de laquelle elle est séparée par une partie du cours du Rhin ; au sud, vers la Suisse, par le Rhin et le lac de Constance, vers l'Italie, par diverses ramifications des Alpes et par la mer Adriatique ; à l'est, par les provinces autrichiennes de Croatie, Hongrie et Galicie, la Pologne Russe et les provinces Prussiennes de Posen et de Prusse propre.

Montagnes et fleuves. — 69. L'Allemagne est partagée en deux versants par une portion de la ligne générale du partage des eaux européennes. Ces montagnes entrent en Allemagne au sud, à l'est du lac de Constance, et se dirigent ensuite du sud-ouest au nord-est jusqu'aux montagnes de Bohême, sous les noms de *Forêt-Noire*, *Alpes de Souabe* et *Jura franconien*. Après avoir formé, par leurs diverses ramifications, le quadrilatère de montagnes qui entourent la Bohême, elles se rattachent aux Carpathes, et sortent alors du territoire de la Confédération.

Les principaux fleuves sont dans le versant du nord-ouest, l'*Oder*, qui tombe dans la Baltique; l'*Elbe*, le *Weser*, l'*Ems*, dans la mer du Nord; le *Rhin*, qui a sa source en Suisse, ses bouches en Hollande, et est grossi sur la rive droite du *Mein*, sur la rive gauche de la *Moselle*: Dans le versant sud-est, un seul fleuve, le *Danube*, qui n'a sur le territoire de la Confédération, que la partie supérieure de son cours, mais reçoit un grand nombre d'affluents, dont les principaux sont sur la rive droite, le *Lech*, l'*Isar* et l'*Inn*.

CAPITALES. — 70. Les États qui composent l'Allemagne n'étant confédérés que pour résister avec plus d'avantage aux ennemis extérieurs, mais restant complétement indépendants l'un de l'autre dans leur gouvernement intérieur, chacun d'eux a sa capitale particulière. La capitale de toute la Confédération est FRANCFORT-SUR-LE-MEIN, où chacun des princes allemands envoie des ministres qui forment la *Diète* ou Assemblée chargée de régler les affaires qui intéressent toute la Confédération.

GRANDES DIVISIONS TERRITORIALES. — PRINCIPALES VILLES. — 71. Les grandes divisions territoriales de la Confédération germanique ne sont autre chose que les divers États dont elle se compose. Le tableau suivant les fait connaître avec leurs capitales :

1° États en partie étrangers a l'Allemagne.

États.	Capitales
1. Autriche (1)...	*Vienne.*
2. Prusse...	*Berlin.*
3. Danemark (pour le Holstein et le Lauenbourg)...	»
4. Pays-Bas (pour le Luxembourg)...	»

2° États entièrement Allemands.

Quatre royaumes.

5. Bavière...	*Munich.*
6. Saxe...	*Dresde.*
7. Hanovre...	*Hanovre.*
8. Wurtemberg...	*Stuttgard.*

Un électorat (2).

9. Hesse-Cassel *ou* Électorale...	*Cassel.*

Six grands-duchés.

10. Bade...	*Carlsruhe.*
11. Hesse Grand-Ducale...	*Darmstadt.*
12. Meklembourg-Schwerin...	*Schwerin.*
13. Meklembourg-Strélitz...	*Strélitz.*
14. Oldenbourg...	*Oldenbourg.*
15. Saxe-Weimar...	*Weimar.*

Sept duchés.

16. Brunswick...	*Brunswick.*
17. Nassau...	*Wiesbaden.*
18. Saxe-Cobourg-Gotha...	*Cobourg* et *Gotha.*
19. Saxe-Meiningen...	*Meiningen.*
20. Saxe-Altenbourg...	*Altenbourg.*
21. Anhalt-Dessau-Kœthen (3)...	*Dessau.*
22. Anhalt-Bernbourg...	*Bernbourg.*

Huit principautés.

23. Schwarzbourg-Sondershausen...	*Sondershausen.*

(1) L'Autriche, comme la Prusse, n'a qu'une partie de ses provinces dans la Confédération. (V. le chapitre suivant.) Pour les Pays-Bas et le Danemark, voir le chap. précédent.

(2) Le souverain de la Hesse-Cassel avait reçu le titre d'*Électeur* en 1803, lorsqu'il y avait encore un empire *électif* d'Allemagne : il a gardé ce titre, bien qu'il ne corresponde plus à aucune dignité.

(3) Depuis 1853, les deux duchés de Dessau et de Kœthen ne forment plus qu'un seul État.

24. Schwarzbourg-Rudolstadt...........	*Rudolstadt.*
25. Lichtenstein.........................	*Lichtenstein* ou *Vaduz.*
26. Waldeck............................	*Corbach.*
27. Reuss-Greiz.........................	*Greiz.*
28. Reuss-Schleiz.......................	*Schleiz.*
29. Lippe-Detmold.....................	*Detmold.*
30. Lippe-Schaumbourg................	*Buckebourg.*

Un landgraviat.

31. Hesse-Hombourg....................	*Hombourg.*

Quatre villes libres.

32. Lubeck.
33. Francfort-sur-le-Mein.
34. Brême.
35. Hambourg.

Population. — 72. La population totale de la Confédération germanique s'élève à 43,391,759 habitants, dont 26 millions et demi pour les États en partie étrangers à l'Allemagne, et 17 millions pour les États entièrement Allemands.

Aucun État de la Confédération ne possède de colonies. Celles des Pays-Bas et du Danemark ne regardent en rien la Confédération germanique.

Questionnaire.

1. — D'où vient le nom de Confédération germanique, et dans quelle partie de l'Europe est-elle située? — De quels côtés a-t-elle des limites naturelles, de quels côtés des limites politiques?
2. — Quelles sont ses principales montagnes, ses grands fleuves?
3. — Quelle est la capitale de la Confédération? — Par quelle autorité sont réglées les affaires générales de l'Allemagne?
4. — Quels sont les principaux États de la Confédération avec leurs capitales? — Quels sont ceux qui n'ont qu'une partie de leur territoire dans la Confédération, et ceux qui sont entièrement Allemands? — Quelles sont les quatre villes libres?
5. — Quelle est la population de l'Allemagne?

CHAPITRE VI.

PRUSSE ET AUTRICHE.

Situation et limites. — Grandes divisions territoriales. — Capitales. — Principales villes. — Population. — Possessions hors de l'Europe et Colonies (1).

SOMMAIRE.

§ 1. La Prusse est bornée au nord par le Hanovre, le Meklembourg et la Baltique; à l'est par la Russie; au sud par la Saxe, la Hesse, la France; à l'ouest par la Belgique et la Hollande.

Elle est divisée en 8 provinces, dont six, *province Rhénane, Westphalie, Saxe, Brandebourg, Silésie, Poméranie*, font partie de la Confédération; les deux autres sont la *Posnanie* et la *Prusse* propre.

La capitale est BERLIN; les villes principales : *Cologne, Munster, Magdebourg, Francfort-sur-l'Oder, Stettin, Breslau, Posen, Kœnigsberg* et *Dantzig*.

La population est de 17 millions et demi d'habitants. — Aucune colonie.

§ 2. L'Autriche est bornée au nord par la Saxe, la Prusse et la Russie; à l'est par la Russie; au sud par le Danube, la Save, l'Adriatique et le Pô; à l'ouest par le Mincio, le lac de Garde, la Suisse et la Bavière.

Elle est divisée en 20 provinces dont onze, *Bohême, Silésie autrichienne, Moravie, Basse-Autriche, Haute-Autriche, Styrie, Duché de Salzbourg, Tyrol, Carinthie, Carniole, Littoral*, font partie de la Confédération germanique.

Les neuf autres se divisent en pays Polonais, Hongrois et Italiens.

La capitale est VIENNE; les villes principales, *Prague, Brunn, Grætz, Trieste, Cracovie, Pesth, Zara, Venise*.

---

(1) Voir, pour l'intelligence de ce chapitre, la même carte que pour le chapitre précédent.

La population est de 35 millions et demi d'habitants. — Aucune colonie.

DÉVELOPPEMENTS.

§ I. — *Prusse* (1).

SITUATION ET LIMITES. — 73. La Prusse est située au nord de l'Allemagne, et bornée au nord par les États de Hanovre, de Meklembourg et la mer Baltique ; à l'est par l'empire de Russie ; au sud par divers États Allemands, Autriche, Saxe, Hesse, Nassau, et par la France ; à l'ouest par la Belgique et la Hollande. Elle se compose de deux grands territoires : l'un beaucoup moins considérable, à l'ouest du Weser ; l'autre, séparé du précédent par les États de Brunswick et de Hanovre, s'étend du Weser à la Vistule. Il faut y joindre quelques territoires situés au milieu de la Hesse et des duchés de Saxe, les principautés de *Hohenzollern-Hechingen* et *Sigmaringen*, achetées par la Prusse en 1849, enfin, le port de *Heppens*, acquis tout récemment de l'Oldenbourg (1854) sur le golfe de la Iadhe, près de l'embouchure du Weser, et destiné à servir de station à la marine prussienne dans la mer du Nord.

GRANDES DIVISIONS TERRITORIALES. — 74. La Prusse se divise en huit grandes provinces, dont six font partie

---

(1) Les montagnes et les fleuves ayant été indiqués pour toute la Confédération, nous ne les répétons pas ici à propos de la Prusse et de l'Autriche. Il faut seulement y joindre pour les parties de ces deux pays, qui sont en dehors de la Confédération : dans la Prusse, la *Vistule* ; dans l'Autriche, la chaîne complete des *Carpathes* ; et comme fleuves, le *Pô* et l'*Adige* en Italie ; le *Danube moyen* en Hongrie, et parmi ses affluents, la *Drave* et la *Save* sur sa rive droite, la *Theiss* sur la gauche.

de la Confédération germanique; ce sont de l'ouest à l'est, la *province Rhénane*, la *Westphalie*, la *Saxe Prussienne*, le *Brandebourg*, la *Silésie* et la *Poméranie*. Les deux autres, en dehors de la Confédération, sont : la *province de Posen* ou *Posnanie*, et la *Prusse* propre.

CAPITALE. — 75. La capitale de la Prusse est BERLIN, au centre du Brandebourg, sur la Sprée, 463,000 hab., importante par ses fabriques et son activité commerciale; université renommée; nombreux établissements d'instruction publique, bibliothèques, musées; Berlin est une des plus grandes capitales de l'Europe, et le centre intellectuel de l'Allemagne.

PRINCIPALES VILLES. — 76. Dans la province Rhénane, *Coblentz*, le chef-lieu, avec une forte citadelle au confluent de la Moselle et du Rhin; *Cologne*, cathédrale célèbre; *Aix-la-Chapelle*, monuments du moyen âge et eaux minérales; *Trèves*, antiquités remarquables. Dans la Westphalie, *Munster*, le chef-lieu; *Minden*, place forte sur le Weser. Dans le Saxe Prussienne, *Magdebourg*, une des principales forteresses de l'Europe, ville d'industrie et de commerce; *Halle*, université. Dans le Brandebourg, *Potsdam*, résidence royale, le Versailles de la Prusse; *Francfort-sur-l'Oder*, avec des foires importantes pour le commerce, un des entrepôts de l'Allemagne et de la Russie; dans la Silésie, *Breslau*, la seconde ville de la monarchie, par la population et la richesse (130,000 habitants), grand commerce de toiles et de draps, université. Dans la Poméranie, *Stettin*, *Stralsund*, places fortes. Dans la Posnanie, *Posen*, le chef-lieu. Dans la Prusse propre, *Kœnigsberg*, université célèbre; *Dantzig*, à l'embouchure de la Vistule, place forte; fabriques importantes d'eau-de-vie; entrepôt d'un commerce considérable avec tout le Nord.

POPULATION. — 77. La population de la Prusse est de 17,740,000 habitants. — La Prusse ne possède aucune colonie.

---

§ II. — *Autriche.*

SITUATION ET LIMITES. — 78. L'Autriche est située au sud-est de l'Allemagne et bornée au nord par le royaume de Saxe, la Silésie Prussienne et la Pologne Russe; à l'est, par la Russie; au sud, par la Turquie, dont la séparent le Danube et la Save, par l'Adriatique et le Pô; à l'ouest, par le Mincio, le lac de Garde, une partie des Alpes, la Suisse, et la Bavière.

GRANDES DIVISIONS TERRITORIALES. — 79. L'Autriche est divisée aujourd'hui en vingt grandes provinces; onze font partie de la Confédération germanique et sont appelées pour cela *pays Allemands;* ce sont, du nord au sud : la *Bohême*, la *Silésie Autrichienne*, la *Moravie*, la *Basse-Autriche*, la *Haute-Autriche*, la *Styrie*, le *Duché de Salzbourg*, le *Tyrol*, la *Carinthie*, la *Carniole*, le *Littoral* comprenant la presqu'île d'Istrie. Neuf provinces sont en dehors de la Confédération; deux sont appelées *pays Polonais;* ce sont : la *Galicie* et la *Bukowine;* six, *pays Hongrois*, parce qu'elles étaient anciennement des annexes du royaume de Hongrie; ce sont : la *Hongrie*, la *Transylvanie*, la *Voiwodie Serbe* et *Banat de Temès*, la *Croatie* et *Esclavonie*, les *Confins militaires de Croatie*, *Esclavonie* et *Banat*, la *Dalmatie;* une province est appelée *pays Italien*, la *Vénétie*, de l'Adriatique au Mincio, la seule province Italienne restée à l'Autriche depuis 1859.

CAPITALE. — 80. La capitale est VIENNE, sur le Danube, dans la Basse-Autriche, 476,000 habitants : l'une des premières villes de l'Europe, par son étendue, son université, sa bibliothèque, son musée d'histoire naturelle, ses établissements d'instruction publique, ses monuments (cathédrale de Saint-Étienne), la magnifique promenade du *Prater*, entre la ville et les faubourgs, enfin, par son commerce et ses fabriques de tout genre.

PRINCIPALES VILLES. — 81. Dans la Bohême, *Prague*, la capitale, place forte, université, industrie renommée d'ouvrages d'orfévrerie et de cristaux ; dans la Moravie, *Brunn*, grande ville manufacturière ; dans le duché de Salzbourg, *Salzbourg*, riches mines de sel aux environs ; dans la Styrie, *Grætz*, manufactures importantes d'acier ; dans le Littoral, *Trieste*, port franc, centre d'un immense commerce avec tout l'Orient, et station principale des paquebots à vapeur autrichiens, qui mettent le sud de l'Allemagne et le nord de l'Italie en relation avec la Grèce, la Turquie, l'Asie Mineure et l'Afrique.

Dans la Galicie, *Lemberg* ou *Léopol*, la capitale, *Cracovie*, ancienne république, réunie depuis 1846 à l'Autriche ; dans la Hongrie, *Bude*, appelée aussi *Ofen*, sur le Danube, la capitale, ayant en face d'elle *Pesth*, ville très-commerçante, et la plus importante de toute la Hongrie ; dans la Croatie, *Agram* ; dans la Dalmatie, *Zara* et *Raguse*, places de commerce ; dans la Vénétie, *Venise*, bâtie au milieu des lagunes, sur cent trente îlots que font communiquer entre eux quatre cent cinquante ponts, aujourd'hui déchue de son importance maritime et commerciale ; *Vérone*, place très-forte sur l'Adige ; *Mantoue*, dans une situation presque imprenable au milieu d'un lac formé par le Mincio.

POPULATION. — 82. La population est de 35,500,000 habitants. — L'Autriche ne possède aucune colonie.

Questionnaire.

1. — Quelles sont les limites des deux grands territoires de la Prusse? — Quelles principautés possède-t-elle au sud de l'Allemagne, quel port sur la mer du Nord?
2. — En combien de provinces se divise-t-elle et combien font partie de la Confédération germanique? — Quelle est la capitale, quelles sont les principales villes de la Prusse?
3. — Quelles sont les limites de l'Autriche?
4. — En combien de provinces se divise-t-elle? — Nommez celles qui font partie de la Confédération. — Quelles sont les provinces appelées pays Polonais, pays Hongrois, pays Italien?
5. — Quelle est la capitale de l'Autriche? — Par quoi sont remarquables les villes de Prague, Grætz, Trieste, Pesth, Venise, Vérone et Mantoue?

CHAPITRE VII.

SUISSE ET ÉTATS ITALIENS.

Situation et limites. — Grandes divisions territoriales. — Capitale. — Principales villes. — Population. — Possessions hors de l'Europe et Colonies (1).

SOMMAIRE.

§ 1. La Suisse est bornée au nord par le Rhin et le lac de Constance; à l'est par le Rhin et les Alpes; au sud par les Alpes et le lac de Genève; à l'ouest par le Rhône et le Jura.

Les principales montagnes sont le Jura, le Jorat, et les

---

(1) Voir, pour l'intelligence de la première partie de ce chapitre, la carte troisième (*Allemagne et Europe centrale*) qui renferme la Suisse; pour la seconde partie, la carte cinquième (*Italie*) de notre Atlas.

diverses ramifications des Alpes, Bernoises, Centrales, Rhétiques, Pennines. Fleuves : dans le versant nord-ouest, le Rhin, grossi de l'Aar; dans le versant sud-est, le Rhône. Lacs : de Constance et de Genève aux extrémités; de Neufchâtel, de Bienne, de Zurich à l'intérieur.

La Suisse est divisée en 22 cantons indépendants formant la Confédération helvétique. La capit. est BERNE (28,000 hab.). Les autres villes principales sont : *Bâle*, *Lausanne*, *Zurich*, *Lucerne*, *Genève*. La *population totale* est de 2,392,740 habitants.

§ 2. L'Italie est bornée au nord par les Alpes Pennines, Centrales, Rhétiques, Carniques et Juliennes; à l'est par l'Adriatique, le canal d'Otrante et la mer Ionienne ; au sud par la Méditerranée; à l'ouest par la Méditerranée, les Alpes Maritimes et Cottiennes. Elle est traversée du nord-ouest au sud-est par les *Apennins*, et arrosée par le *Pô*, l'*Adige*, l'*Arno*, le *Tibre*, etc. Volcans : le *Vésuve*, près de Naples, l'*Etna* en Sicile, *Stromboli* dans les îles de Lipari. Lacs : *Majeur*, de *Côme*, de *Guarda*, au nord ; de *Pérouse*, au centre.

Les événements politiques ont amené depuis deux ans de grands changements en Italie. Au commencement de 1859, on comptait en Italie 7 Etats principaux : 4 au Nord; le ROYAUME LOMBARD-VÉNITIEN (5,080,000 habitants), capitale *Milan*, à l'AUTRICHE; le ROYAUME DE SARDAIGNE OU ETATS SARDES (5,194,000), capitale TURIN ; le DUCHÉ DE PARME (500,000), capitale PARME ; le DUCHÉ DE MODÈNE (605,000), capitale MODÈNE; 2 au centre : le GRAND-DUCHÉ DE TOSCANE (1,807,000 habitants), capitale FLORENCE ; LES ETATS DU PAPE OU ÉTATS DE L'EGLISE (3,125,000 habitants), capitale ROME ; 1 au sud, le ROYAUME DES DEUX-SICILES (9,117,000 habitants), capitale NAPLES. A la fin de 1860, on ne compte plus que 3 Etats principaux : la VÉNÉTIE (2,445,000 habitants), capitale VENISE, à l'Autriche ; les ÉTATS SARDES OU ROYAUME D'ITALIE, qui en cédant à la France la Savoie et le comté de Nice, se sont accrus de la Lombardie, des duchés de Parme et de Modène, de la Toscane, de la plus grande partie des Etats de l'Eglise et du Royaume des Deux-Siciles (22,000,000 d'habitants), capitale *Turin* ; les ETATS DE L'ÉGLISE, réduits à 700,000 habitants, capitale *Rome*.

États de moindre importance : la *République de Saint-Marin*, placée sous la protection du pape.

Deux îles appartenant à des puissances non Italiennes ; à la France, la *Corse* ; à l'Angleterre, le groupe de *Malte*.

DÉVELOPPEMENTS.

§ I. — *Suisse.*

SITUATION ET LIMITES. — 83. La Suisse est située entre l'Allemagne, l'Italie et la France, et séparée de la première au N. et à l'E. par le Rhin, le lac de Constance et des ramifications des Alpes ; de l'autre, au sud, par les mêmes montagnes ; de la France, par le lac de Genève, le Rhône et le Jura.

MONTAGNES, FLEUVES, LACS. — 84. La Suisse est le pays le plus montagneux de l'Europe, et ses glaciers donnent naissance à plusieurs grands fleuves. Lorsque la ligne générale des eaux quitte la France (§ I) au Jura, elle entre en Suisse au nord du lac de Genève par le *Jorat*, chaîne peu élevée qui la relie aux grandes Alpes. Celles-ci courent de l'ouest à l'est dans tout le sud de la Suisse sous les noms d'*Alpes Bernoises, Centrales* et *Rhétiques ;* le rameau qui sépare la Suisse de l'Italie au sud-ouest et ferme au sud la vallée supérieure du Rhône, porte le nom d'*Alpes Pennines* et renferme des montagnes célèbres, le mont Rosa, le Simplon, le grand Saint-Bernard.

La Suisse est arrosée dans le versant nord-ouest par le *Rhin*, sorti du mont Saint-Gothard, traversant le lac de *Constance* et recevant comme principal affluent l'*Aar* qui coupe les lacs de *Brienz* et de *Thun* au centre, et est grossi de la *Limmat*, sortie du lac de *Zurich*, de la *Thielle*, qui lui apporte les eaux des lacs de *Neufchâtel* et de *Bienne*. Dans le versant sud-est, le *Rhône* traverse le lac de *Genève* et entre en France au-dessous de Genève.

GRANDES DIVISIONS TERRITORIALES. — 85. La Suisse se divise en vingt-deux cantons indépendants pour leur gouvernement intérieur, mais formant, pour résister aux ennemis du dehors, une ligue appelée *Confédération helvétique*, du nom d'*Helvétie* que les Romains donnaient à ce pays. Les plus importants de ces cantons sont ceux de BERNE au centre, du VALAIS au sud, des GRISONS à l'est, les trois plus grands de tous; de SCHWITZ, URI et UNTERWALDEN, appelés les *Cantons libérateurs*, parce qu'ils furent les premiers à proclamer, en 1307, l'indépendance de la Suisse ; ceux de BALE et de GENÈVE au nord-ouest et au sud-ouest.

CAPITALE. — 86. La Diète ou Assemblée qui règle les affaires générales de la Confédération siége depuis 1848 à BERNE, que l'on peut regarder comme la capitale de la Suisse. Avant 1848, elle siégeait alternativement à Berne, Zurich et Lucerne.

PRINCIPALES VILLES. — 87. Outre les villes que nous venons d'indiquer, on remarque, au nord, *Bâle*, sur le Rhin, université, commerce de livres, papeteries et fabriques de rubans de soie; à l'est, *Coire*, sur le Rhin supérieur, ch.-l. des Grisons ; à l'ouest, *Fribourg*, dans le canton de ce nom ; *Neufchâtel*, autrefois possession prussienne, aujourd'hui dégagée de tout lien envers la Prusse ; *Lausanne*, ch.-l. du canton de Vaud, sur le lac de Genève, ville commerçante et établissements littéraires renommés ; *Genève*, à l'endroit où le Rhône sort du lac, la ville la plus peuplée (31,096 hab.) et la plus riche de la Confédération, centre d'une grande fabrication d'horlogerie et de bijouterie.

POPULATION. — 88. La Suisse compte 2,392,740 habitants. — Elle ne possède aucune colonie.

---

§ II. — *États italiens.*

89. Le nom d'ITALIE ne fut longtemps qu'un nom *géographique* et *ethnographique*, c'est-à-dire qu'il désignait une péninsule ayant une forme particulière et habitée par des peuples de même race, parlant la même langue; mais ce n'était pas un nom *politique*, c'est-à-dire qu'il n'y avait pas un État appelé Italie, et que les différents États Italiens ne formaient pas une Confédération, comme il y a une Allemagne, parce que les différents États Allemands composent la Confédération germanique. Mais les événements politiques de 1859-1860 ont changé cet ordre de choses et réuni l'Italie presque tout entière en un seul État et sous un seul gouvernement.

SITUATION ET LIMITES. — 90. La péninsule Italique est située au sud de l'Europe et bornée au nord vers la France, la Suisse et l'Allemagne par diverses ramifications des Alpes, Alpes Pennines, Centrales, Rhétiques, Carniques et Juliennes; à l'est, vers la Turquie et la Grèce, par la mer Adriatique, le canal d'Otrante et la mer Ionienne; au sud, par la Méditerranée; à l'ouest, par la mer Tyrrhénienne, et au N. O. vers la France par les Alpes Maritimes et Cottiennes.

GRANDES DIVISIONS TERRITORIALES. — 91. Au commencement de l'année 1859, l'Italie comptait 7 États principaux (V. le *sommaire*) et deux États secondaires, la *Principauté de Monaco* et la *République de Saint-Marin*. Aujourd'hui (janv. 1861), il n'existe plus que 3 États principaux et un État secondaire.

92. — Vénétie, à l'Autriche (V. chap. VI, § 2).

93. Les États Sardes, ou Royaume d'Italie, composés de deux parties principales; l'une insulaire, l'île de *Sardaigne* proprement dite; l'autre continentale, le *Piémont*, auquel les événements politiques ont ajouté la *Lombardie* enlevée à l'Autriche du Tessin au Mincio, les *Duchés de Parme* et de *Modène*, le *Grand-Duché de Toscane*, la plus grande partie des *États de l'Église* et le *Royaume des Deux-Siciles*. La capitale est *Turin*, sur le Pô (180,000 hab.), l'une des plus belles villes de l'Europe par la régularité de ses constructions et qui possède de riches musées, surtout d'antiquités Égyptiennes; les villes principales sont: dans l'ancien Piémont, *Alexandrie*, place forte très-importante; *Gênes*, au fond du golfe de son nom, jadis capitale d'une république très-commerçante et rivale de Venise, aujourd'hui encore l'un des ports marchands les plus actifs de la Méditerranée; *Spezzia*, port militaire; dans l'île de Sardaigne, *Cagliari*, au sud, la capitale; — dans la Lombardie, *Milan* (170,000 hab.), avec une magnifique cathédrale, appelée le *Dôme* et toute construite en marbre blanc; — dans l'ancien duché de Parme; *Parme* (44,000 hab.), *Plaisance*, place forte sur le Pô; — dans l'ancien duché de Modène; *Modène* (32,000 hab.); *Reggio*, ville commerçante, près de la mer; *Carrare*, célèbre par ses carrières de beau marbre blanc; — dans l'ancien grand-duché de Toscane, *Florence* (114,000 hab.), célèbre autrefois par son commerce, son industrie, les grands artistes, les savants et les écrivains auxquels elle a donné naissance, remarquable encore par ses monuments et ses magnifiques collections d'objets d'art; *Pise*, autrefois la rivale de Gênes et de Venise, déchue aujourd'hui et célèbre seulement par son université et

ses monuments, surtout la Tour Penchée et le Campo-Santo; *Livourne*, l'une des places de commerce les plus importantes de la Méditerranée après Marseille et Trieste, grand entrepôt entre l'Italie et l'Orient; — dans les anciens États de l'Église, *Bologne*, ville industrieuse et université célèbre; *Ferrare*, place forte sur un des bras du Pô et non loin des lagunes qu'il forme à son embouchure; *Ancône*, ville de commerce et place forte sur l'Adriatique; *Pérouse*, *Spolète*, au centre; — dans la partie continentale de l'ancien royaume des Deux-Siciles, *Naples*, la ville la plus peuplée de l'Italie (417,000 hab.), sur un golfe admirable par la beauté de ses bords, voisine du Vésuve, et célèbre par la douceur de son climat et la fertilité de son territoire, l'ancienne Campanie; *Gaëte*, port de mer et place forte; *Salerne*, célèbre école de médecine; *Tarente*, sur le golfe de ce nom, grand commerce de sel que fournissent les vastes salines des environs; — dans la Sicile, *Palerme*, capitale de l'île; *Messine*, sur le Phare ou détroit de son nom, un des plus beaux ports de l'Europe, dans une situation militaire et commerciale très-importante.

94. — Les États du pape ou États de l'Église sont aujourd'hui réduits aux deux territoires situés sur la Méditerranée et appelés, l'un, *Patrimoine de saint Pierre*, de l'embouchure du Tibre à la frontière de l'ancienne Toscane; l'autre, *Campagne de Rome*, du Tibre à la frontière de l'ancien royaume des Deux-Siciles; cap. Rome (180,000 hab.), sur le Tibre, la première ville du monde par les souvenirs de son ancienne puissance politique et l'étendue de sa puissance religieuse, métropole de la chrétienté, plus riche qu'aucune ville du monde en monuments et en objets d'art antiques

et modernes, le Panthéon, le Colysée, Saint-Pierre, le palais du Vatican (etc.); ville principale, *Civita-Vecchia*, port de guerre et de commerce sur la mer Tyrrhénienne.

95. — L'État secondaire est la *République de Saint-Marin* (8,000 hab.) placée sous la protection du Pape. La Principauté de Monaco, qui formait avant 1859 un second État secondaire en Italie, est aujourd'hui enclavée dans le département français des Alpes Maritimes.

Aucun des États Italiens ne possède de colonies.

Questionnaire.

1. — Quels sont les noms des principales ramifications des Alpes en Suisse? — Quels fleuves traversent les lacs de Constance et de Genève? — Quel est le principal affluent du Rhin en Suisse?
2. — En combien de cantons divise-t-on la Suisse, et d'où vient le nom de Confédération helvétique donné à ce pays? — Quels sont les trois plus grands de ces cantons, quels sont ceux qu'on appelle Cantons libérateurs et pour quelle raison? — Quelle est aujourd'hui la seule capitale de la Suisse, et par quoi sont remarquables, les villes de Bâle, Lausanne et Genève?— Quelle est la population de la Suisse?
3. — En combien d'Etats se divise aujourd'hui l'Italie? Quelles sont les îles appartenant à des puissances non Italiennes?
4. — Par quoi sont remarquables les villes de Turin, Milan, Gênes, Florence, Livourne, Pise, Rome, Naples, Messine?

CHAPITRE VIII.

ESPAGNE ET PORTUGAL.

Situation et limites, grandes divisions territoriales; capitales; principales villes; population; possessions hors de l'Europe et Colonies (1).

SOMMAIRE.

§ 1. L'Espagne est bornée au nord par le golfe de Gascogne et les Pyrénées; à l'est par la Méditerranée; au sud par la même mer, le détroit de Gibraltar et l'océan Atlantique; à l'ouest par l'Océan et le Portugal.

Elle est partagée en 12 *capitaineries-générales* ou divisions militaires subdivisées en 48 provinces civiles.

La capitale est MADRID; les villes principales, *Le Ferrol, Burgos, Salamanque, Saint-Sébastien, Pampelune, Saragosse, Barcelone, Valence, Carthagène, Tolède, Séville, Cadix, Grenade.*

La population est de 16 millions et demi d'habitants environ.

Les principales colonies sont : en Afrique, *Ceuta* et les *Canaries*; en Amérique, *Cuba, Porto-Rico*; en Océanie, les *Philippines* et les *Mariannes.*

§ 2. Le Portugal est borné au nord et à l'est par l'Espagne, au sud et à l'ouest par l'océan Atlantique.

Il est divisé en 8 provinces continentales : *Minho, Duero, Tras-os-Montes, Haut-Beira, Bas-Beira, Estramadure, Alemtejo, Algarves.*

La capitale est LISBONNE, à l'embouchure du Tage; les villes principales, *Porto* et *Coïmbre.*

La population est de 3,568,000 habitants. Les principales colonies sont : *Madère*, les *Açores*, les *îles du cap Vert*, les colonies de *Loanda*, de *Benguela* et de *Mozambique*, en

(1) Voir, pour l'intelligence de ce chapitre, la carte sixième (*Espagne et Portugal*) de notre Atlas.

Afrique; *Goa, Diu* et *Macao*, en Asie; la moitié de *Timor*, dans l'Océanie.

§ 3. Outre les royaumes d'Espagne et de Portugal, il faut encore citer dans la péninsule Ibérique : la petite *République d'Andorre*, dans les Pyrénées; au sud, la place de *Gibraltar*, aux Anglais.

DÉVELOPPEMENTS.

§ I. — *Espagne.*

SITUATION ET LIMITES. — 96-99. L'Espagne est située au sud-ouest de l'Europe et bornée au nord par le golfe de Gascogne et les Pyrénées; à l'est par la Méditerranée; au sud par la Méditerranée, le détroit de Gibraltar et l'océan Atlantique; à l'est par le même océan et le Portugal.

MONTAGNES, FLEUVES. — 100. L'Espagne est divisée en deux grands versants par la Sierra-Nevada, les monts Ibériques et les Pyrénées qui forment la première partie de la ligne générale du partage des eaux européennes. L'un de ces versants, celui de la Méditerranée ou du sud-est, est arrosé par un grand fleuve, l'*Èbre;* l'autre versant, celui de l'Atlantique ou du nord-ouest, reçoit cinq fleuves principaux, séparés par des chaînes secondaires détachées de la chaîne centrale; ces fleuves sont, du nord au sud : le *Minho*, le *Douro* ou *Duero*, le *Tage*, la *Guadiana* et le *Guadalquivir*. A l'exception du dernier, qui est entièrement Espagnol, ils ont tous la partie inférieure de leur cours dans le Portugal, dont le territoire est également couvert par les dernières ramifications de ces chaînes secondaires.

GRANDES DIVISIONS TERRITORIALES. — 101. L'Espagne est partagée en 12 *capitaineries générales* ou divisions militaires, qui se subdivisent en 48 provinces civiles. Les capitaineries-générales sont : au nord, celles de *Galice*, de *Léon* et *Vieille-Castille*, des *provinces Basques*, de *Navarre*, d'*Aragon*, de *Catalogne ;* à l'est, celles des *Baléares*, de *Valence* et *Murcie ;* au centre, la *Nouvelle-Castille ;* à l'ouest, l'*Estramadure espagnole ;* au sud, l'*Andalousie*, la *capitainerie de Grenade*.

CAPITALE. — 102. La capitale de l'Espagne est MADRID, dans la Nouvelle-Castille, au centre de la péninsule, sur un ruisseau appelé le Mançanarès, 275,000 habitants.

PRINCIPALES VILLES. — 103. Dans la Galice, *Santiago* ou *Saint-Jacques-de-Compostelle*, lieu de pèlerinage célèbre ; la *Corogne* et le *Ferrol*, ports importants ; dans la capitainerie de Léon et Vieille-Castille ; *Oviedo*, dans l'ancienne province des Asturies ; *Burgos*, *Salamanque*, université célèbre. Dans les provinces Basques, *Saint-Sébastien*, port très-commerçant ; dans la Navarre, *Pampelune*, place forte ; dans l'Aragon, *Saragosse* sur l'Èbre, ville industrieuse et commerçante, université. Dans la Catalogne, *Barcelone*, le principal centre de l'industrie espagnole et la place de commerce la plus importante.

Dans les Baléares, *Palma*, place forte, chef-lieu de l'île Majorque et de toute la capitainerie ; dans celle de Valence et Murcie, *Valence*, au milieu d'un pays fertile appelé le *Jardin de Valence*, université, commerce actif ; *Alicante*, vins renommés ; *Carthagène*, port militaire et marchand, mines d'argent aux environs. Dans la Nouvelle-Castille, *Tolède*, l'ancienne capitale de l'Espagne, célèbre manufacture d'armes blanches. Dans l'Estramadure, *Badajoz*, place forte à la frontière de Portugal. Dans l'Andalousie, *Séville*, ville d'industrie et de commerce, monuments remarquables (cathédrale et aqueduc romain); *Cadix*, dans l'île de Léon, port militaire et la seconde place de commerce de l'Espagne; *Cordoue*, ancienne capitale des califes Arabes d'Espagne. Dans la capitainerie de Grenade, *Grenade*, célèbre par ses monuments arabes, les palais de l'Alhambra et du Généralife; *Malaga*, vins renommés.

POPULATION. — 104. La population de l'Espagne est de 16,302,000 habitants. Les provinces les plus peuplées, en raison de leur étendue, sont celles du nord, Basques et Navarre; les moins peuplées, celles de l'ouest et du centre, l'Estramadure et le sud de la Nouvelle-Castille.

POSSESSIONS HORS DE L'EUROPE ET COLONIES. — 105. L'Espagne ne possède plus que quelques débris de son ancienne puissance coloniale. En Afrique, les PRÉSIDES, placés sur les côtes du Maroc, servant de bagnes; *Ceuta*, *Penon-de-Velez*, *Alhucemas* et *Melilla*; dans l'océan Atlantique, les *Canaries*; dans le golfe de Guinée, l'île d'*Annobon*. En Amérique, dans les grandes Antilles, l'île de CUBA, capitale *La Havane*, port de guerre et de commerce, fabrique de cigares renommés; l'île de *Porto-Rico*. Dans l'Océanie, l'archipel des *Philippines*, dont la principale est *Luçon*, qui renferme le chef-lieu, *Manille*; les îles *Mariannes* ou des *Larrons*, à l'est des Philippines.

---

§ II. — *Portugal.*

SITUATION ET LIMITES. — 106. Le Portugal est situé à l'ouest de la péninsule Ibérique, et borné à l'ouest et au sud par l'océan Atlantique, et à l'est et au nord par l'Espagne dont le sépare une partie du cours de la Guadiana, du Tage, du Duero et du Minho.

GRANDES DIVISIONS TERRITORIALES. — 107. Le Portugal est divisé aujourd'hui en 8 provinces : trois au nord, *Minho*, *Duero*, *Tras-os-Montes* ; trois au centre, *Haut-Beira*, *Bas-Beira*, *Estramadure portugaise* ; deux au sud, *Alemtejo*, *Algarves*.

CAPITALE. — 108. La capitale du Portugal est LISBONNE, dans l'Estramadure, à l'embouchure du Tage, qui forme un port magnifique, entrepôt de tout le commerce portugais, 260,000 habitants.

PRINCIPALES VILLES. — 109. Dans la province de Duero, *Porto* ou *Oporto*, grand commerce de vins renommés. Dans le Bas-Beira, *Coïmbre*, célèbre université. Dans l'Estramadure, *Sétubal*, grand commerce de vins, d'oranges et de sel.

POPULATION. — 110. La population du Portugal est de 3,568,000 habitants.

POSSESSIONS HORS DE L'EUROPE ET COLONIES. — 111. Le Portugal, comme l'Espagne, a perdu la plus grande partie de ses colonies. Il possède encore : en Afrique, les îles *Madère* et *Porto-Santo*, et le groupe des *Açores* éloignées de la côte ; plus voisines du continent, les *îles du cap Vert*, l'archipel des *Bissagos*, et dans le golfe de Guinée, *Saint-Thomas* et *l'île du Prince* ; sur le continent, le comptoir de *Cacheu*, dans la Sénégambie ; *Saint-Paul-de-Loanda* et *Saint-Philippe-de-Benguela*, dans la Guinée méridionale ou Congo ; *Mozambique* et *Sofala*, sur la côte de Mozambique, en face de la grande île de Madagascar ; en Asie, les villes de *Goa* et *Diu*, aux Indes ; *Macao*, en Chine, à l'embouchure de la rivière de Canton. En Océanie, la partie nord-ouest de l'île *Timor*, dans les îles de la Sonde, ch.-l. *Dilly*.

§ III. — *Autres États ou possessions dans la péninsule Ibérique.*

112. Outre les royaumes d'Espagne et de Portugal, la péninsule Ibérique renferme encore : au nord, la petite république d'ANDORRE, dans les Pyrénées, placée sous la double protection de la France et de l'évêque espagnol d'Urgel en Catalogne ; au sud, l'importante place de GIBRALTAR, l'une des plus fortes citadelles de l'Europe, appartenant aux Anglais depuis 1704 et commandant l'entrée du détroit de Gibraltar.

Questionnaire.

1. — Quelles sont les limites de l'Espagne, les montagnes qui la séparent en deux versants, et les principaux fleuves de chacun de ces versants ?
2. — Quelles sont les grandes divisions territoriales de l'Espagne ? — Quelle est la capitale ? — Par quoi sont remarquables les villes de Saragosse, Barcelone, Valence, Séville, Grenade, Alicante, Malaga ? — Quelle est la population de l'Espagne ? — A quoi servent les ports d'Afrique appelés Présides ? — Quelles sont les colonies Africaines, Océaniennes ?
3. — Quels fleuves séparent à l'est et au nord dans une partie de leur cours l'Espagne et le Portugal ? — Quelle est la capitale ? — Quelles sont les principales villes et les colonies Portugaises ?
4. — Quelle est la petite république située dans les Pyrénées, et sous quelle protection est-elle placée ? — A qui appartient la forteresse de Gibraltar et par quoi est-elle importante ?

CHAPITRE IX.

GRÈCE ET TURQUIE (1)

Situation et limites; grandes divisions territoriales; capitales; principales villes; population; possessions hors de l'Europe et Colonies (2).

SOMMAIRE.

§ 1. La Grèce est bornée au nord par la Turquie, à l'est par l'Archipel, au sud par la Méditerranée, à l'ouest par la mer Ionienne. Elle est divisée en 10 nomes, *Attique* et *Béotie*, *Phthiotide* et *Phocide*, *Acarnanie* et *Etolie*, *Argolide* et *Corinthie*, *Achaïe* et *Elide*, *Arcadie*, *Messénie*, *Laconie*, *Egripo* ou *Négrepont*, *Cyclades*.

Capitale : Athènes; villes principales, *Zeitouni*, *Missolonghi*, *Nauplie*, *Patras*, *Tripolitza*, *Sparte*, *Syra*.

Population, 1,067,000 habitants.

§ 2. La Turquie d'Europe est bornée au nord par les Carpathes, le Danube et la Save; à l'ouest par l'Adriatique et le canal d'Otrante; au sud par la Grèce; à l'est par l'Archipel, les Dardanelles, la mer de Marmara, le canal de Constantinople, la mer Noire et le cours supérieur du Pruth.

Elle est divisée d'abord en deux grandes parties; les trois principautés tributaires de *Servie*, *Valachie* et *Moldavie*, et le territoire Turc proprement dit, réparti entre 12

(1) Voir, pour l'intelligence de ce chapitre, les cartes septième (*Royaume de Grèce*) et huitième (*Turquie d'Europe*) de notre Atlas.

(2) Nous avons donné à la première section de ce chapitre une étendue relativement plus considérable qu'aux autres, la Grèce étant l'objet particulier des études historiques en cinquième. La carte de la *Grèce moderne* qui accompagne notre Atlas, et où les noms anciens sont marqués à côté des noms modernes, permettra aux élèves de faire d'utiles comparaisons.

Eyalets, ou gouvernements généraux, dont 11 de province : *Silistrie, Widdin, Nissa, Bosnie*, au nord ; *Edirne, Uskub* et *Saloniki*, à l'est ; *Monastir* et *Janina* au sud-ouest ; les *îles* et *Candie*, au sud ; un eyalet de ville, celui de *Belgrade*, en Servie.

CAPITALE, CONSTANTINOPLE ou STAMBOUL ; villes principales, *Andrinople, Saloniki, Rhodes* ; capitales de la Servie, *Belgrade* ; de la Valachie, *Bukarest* ; de la Moldavie, *Jassy*.

Population, 15,500,000 habitants pour la Turquie d'Europe.

Possessions hors de l'Europe : en Asie : l'*Asie antérieure*, jusqu'à la frontière de Perse et de Russie, et en Arabie le chérifat de la *Mecque*, les eyalets de *Djidda*, de *Médine* et de *Moka* ; en Afrique, les vice-royautés tributaires d'*Égypte* et de *Tunis* et l'eyalet de *Tripoli*.

DÉVELOPPEMENTS.

§ I. — *Grèce*.

SITUATION ET LIMITES. — 113. La Grèce est située au sud-est de l'Europe et bornée au nord par la Turquie ; à l'est par l'Archipel ; au sud par la Méditerranée ; à l'ouest par la mer Ionienne.

MONTAGNES, CAPS, GOLFES, FLEUVES, LACS. — 114. De la chaîne du *Messovo* (l'ancien Pinde) et de l'*Othrys* qui bornent la Grèce au nord et au nord-ouest, se détachent le *Koumaita* (Œta) et le *Liakoura* (Parnasse) continué par le *Zagora* (Hélicon), dont les extrémités entourent le *lac de Topolias* (lac Copaïs). Ces montagnes se prolongent dans l'Attique par les monts *Elatea* (Cithéron), *Nozea* (Parnès), *Mendeli* (Pentélique), *Trelo* (Hymette), *Saint-Elie* (Laurium) et se terminent par le *cap Colonne*, l'ancien cap Sunium, qui tire son nom moderne de quelques colonnes encore debout, derniers débris du temple construit en l'honneur de Minerve sur ce promontoire. — Dans la Morée (Péloponèse), les montagnes forment comme une espèce de cirque autour du plateau central de l'Arcadie; ce sont, au nord, le *Ziria* (Cyllène) et l'*Olenos* (Erymanthe); à l'est, le *Diaphorti* (Lycée); au sud, le *Pentadactylon* ou les cinq doigts, ainsi nommé à cause de ses cimes principales au nombre de cinq; c'est l'ancien Taygète qui se termine au sud de la presqu'île appelée *Maïna* par le cap *Matapan* (Ténare), la pointe la plus méridionale du continent Européen; en face du Pentadactylon, le *Malevo* (Parnon) projette dans la péninsule opposée au Maïna, le cap *Malia* (Malée).

Les côtes de la Grèce sont découpées par un grand nombre de golfes qui y forment comme des dentelures. Ainsi l'Archipel (mer Égée) creuse à l'est : les golfes de *Volo* (Pagasétique), de *Zeitouni* (Maliaque), d'*Egine* ou d'*Athènes* (Saronique), de *Nauplia* (Argolique); la Méditerranée au sud, les golfes de *Marathonisi* (de Laconie), de *Coron* (de Messénie); la mer Ionienne à l'ouest, les golfes d'*Arcadia* (de Cyparissa), de *Patras* et de *Lépante* (de Corinthe), d'*Arta* (d'Ambracie). Les principaux fleuves sont : tributaires de l'Archipel ou de de ses golfes, l'*Hellada* ou *Alamana* (Sperchius), la *Panitza* (Inachus); tributaires de la Méditerranée, l'*Iri* ou *Vasili-Potamo* (Eurotas), la *Pirmatza* (Pamisus); tributaires de la mer Ionienne, le *Rouphia* (Alphée) et l'*Aspro-Potamo* (Achéloüs). Le lac de *Topolias* (Copaïs) reçoit le *Kaienitza* (Céphise de Béotie).

Grandes divisions territoriales. — 115. Le royaume moderne de Grèce est divisé en 10 *nomes* qui ont gardé les noms des anciens pays grecs. Trois sont situés dans la partie septentrionale, appelée Hellade ou Grèce propre; l'*Attique* et *Béotie*, la *Phthiotide* et *Phocide*, l'*Acarnanie* et *Etolie;* cinq dans la partie péninsulaire ou

MORÉE, la *Corinthie* et *Argolide*, l'*Achaie* et *Elide*, l'*Arcadie*, la *Messénie*, la *Laconie*; deux dans les ILES, l'île *Egripo* ou *Négrepont* (Eubée) avec les petites îles du nord, enfin le nome des *Cyclades*.

CAPITALE. — 116. La capitale du royaume de Grèce, comme du nome d'Attique et Béotie, est ATHÈNES, 50,000 habitants, avec le port de *Porto-Leone* (Pirée); beaux restes d'anciens monuments, entre autres, le Parthénon, le temple de Thésée, l'Acropole ou citadelle, dont les portes, l'escalier et une partie des murailles ont été récemment retrouvés par un Français.

PRINCIPALES VILLES. — 117. Dans le même nome d'Attique et Béotie, *Leusina* (Éleusis), *Thiva* (Thèbes); dans la Phthiotide et Phocide, *Zeitouni* (Lamia), ch.-l. du nome, *Castri* (Delphes); dans l'Acarnanie et Étolie, *Missolonghi*, ch.-l. du nome, qui soutint contre les Turcs en 1826 un siége célèbre; *Lépante* ou *Epakto* (Naupacte), où se livra en 1571 une grande bataille navale entre les Espagnols et les Turcs. Dans la Corinthie et Argolide, *Nauplia*, au fond du golfe de ce nom, appelée aussi *Napoli de Romanie*, port très-commerçant; *Corinthe*, près de l'isthme, grand commerce de raisins secs; dans l'Achaie et Élide, *Patras*, place forte, même commerce que Corinthe : près de là est située la forteresse appelée *château de Morée* (Rhion), qui avec le *château de Roumélie* (1) (Antirrhion) bâti sur la côte opposée, défend l'entrée du golfe de Corinthe.

---

(1) Le nom de Roumélie ou Roum-Illi, pays des Romains, était donné par les Turcs aux pays dont ils firent en dernier lieu la conquête, et qui étaient habités par les Grecs du Bas-Empire, héritiers des Romains dont ils gardaient le nom. Celui de Romanie donné aux mêmes pays par les chrétiens occidentaux, a la même origine.

Dans l'Arcadie, *Tripolitza;* dans la Messénie, *Calamata,* ch.-l. du nome, *Neo-Castro* ou *Navarin*, célèbre par la bataille navale de 1827 où les flottes française, anglaise et russe réunies détruisirent la flotte turque et assurèrent la liberté de la Grèce; dans la Laconie, *Sparte*, rebâtie sur son ancien emplacement; dans l'île d'Egripo, *Egripo* ou *Negroponte,* qui a tiré son premier nom du détroit d'Euripe sur lequel elle est située et l'a donné ensuite à toute l'île; dans les Cyclades, *Syra* ou *Hermopolis,* dans l'île de Syra (Scyros), la ville la plus commerçante du royaume, une des stations des paquebots français et autrichiens qui naviguent de Marseille ou de Trieste dans le Levant; grand commerce de vins, de raisins, de soieries.

POPULATION.—118. La population est de 1,067,000 habitants. — La Grèce n'a aucune colonie.

§ II. — *Turquie.*

SITUATION ET LIMITES. — 119. La Turquie d'Europe est située au sud-est de l'Europe et bornée au nord et au nord-ouest par l'empire d'Autriche, dont la séparent les Carpathes du sud, le Danube et la Save; à l'ouest par l'Adriatique et le canal d'Otrante; au sud par la Grèce; à l'est par l'Archipel, les Dardanelles, la mer de Marmara, le canal de Constantinople, la mer Noire et le cours supérieur du Pruth, qui la sépare de la Russie.

MONTAGNES, FLEUVES. — 120. La charpente montagneuse de la Turquie est formée par un prolongement des grandes Alpes, les *Alpes Dinariques,* qui envoient à l'est les *monts Balkans* (Hæmus), et au sud les monts *Grammos* et *Messovo* (Pinde), desquels se détachent au sud-est l'*Olympe*, le *Kissovo* (Ossa) et le *Plessidi* (Pélion). Les fleuves sont : tributaires de la mer Noire, le DANUBE, qui reçoit à droite la *Bosna* et la *Morava*, à gauche l'*Alt* ou *Aluta*, le *Séreth*, le *Pruth*, et se divise en trois bouches, de Kilia, de Soulina et de Saint-Georges qui embrassent un vaste delta marécageux; tributaires de l'Adriatique, la *Narenta* et le *Drin;* tributaires de l'Archipel, la *Maritza* (Ebre), la *Strouma* (Strymon), le *Vardar* (Axius), et la *Selembria* (Pénée).

GRANDES DIVISIONS TERRITORIALES. — 121. On distingue d'abord dans la Turquie d'Europe deux grandes parties, le territoire directement soumis au sultan, et les pays seulement vassaux et tributaires, au nombre de trois, la *Servie* au sud du Danube, la *Valachie* et la *Moldavie* au nord. Elles sont appelées PRINCIPAUTÉS SLAVES, quoique l'une seulement, la Servie, ait une population slave; le nom de PRINCIPAUTÉS DANUBIENNES, qui leur convient également à toutes trois, doit être préféré.

Le territoire turc ou ottoman proprement dit est divisé en *Eyalets* ou gouvernements généraux; savoir : 4 au nord, entre les monts Balkans, les Alpes Dinariques et le Danube, les eyalets de *Silistrie*, de *Widdin* et de *Nissa*, formés de l'ancienne province de Bulgarie, et l'eyalet de *Bosnie;* 3 au centre et à l'est, ceux d'*Edirné* ou *Andrinople*, d'*Uskub* et de *Saloniki*, formés de l'ancienne province de Roumélie; 2 au sud-ouest, ceux de *Monastir* ou de *Roumélie* et de *Janina*, formés de l'ancienne province d'Albanie ; 2 insulaires, l'*eyalet des Iles*, qui comprend toutes les îles Turques de l'Archipel, et celui de *Kirid* ou *Candie*, formé de l'île de ce nom, l'ancienne Crète. Dans le nord de l'eyalet de Monastir, la petite principauté du *Montenegro* ou *Tserna-*

gora (la montagne Noire) ainsi que quelques peuplades Albanaises, est complétement indépendante des Turcs. Il faut joindre à ces eyalets de province, celui de *Belgrade*, composé de cette ville seule, où les Turcs ont le droit de mettre garnison.

CAPITALE. — 122. La capitale de la Turquie d'Europe et de tout l'empire Ottoman est CONSTANTINOPLE, l'ancienne Byzance, appelée par les Turcs STAMBOUL, 778,000 habitants, dans une admirable situation entre l'Europe et l'Asie, au débouché du Bosphore, qui forme un port magnifique appelé la Corne d'Or, et sépare les trois parties de la ville, Stamboul proprement dite ou la ville turque au sud, les faubourgs de Péra et de Galata au nord, habités par les Francs (1) ou Européens, et la ville de *Scutari*, située en face, sur la rive asiatique du Bosphore, mais qui est une véritable dépendance de la capitale et comme la nécropole de Constantinople.

PRINCIPALES VILLES. — 123. Les villes principales sont : dans les eyalets du nord, *Varna*, port important sur la mer Noire ; *Silistrie*, *Schoumla*, *Nikopoli*, *Widdin*, *Nissa*, *Sofia*, villes fortes qui défendent le passage du Danube ou les défilés des Balkans ; dans les eyalets de l'est et du centre, *Edirné* ou *Edrené*, l'ancienne *Andrinople*, la seconde ville de la Turquie d'Europe par sa population, et la première par son industrie : tissus de soie, de laine, de coton ; *Saloniki*, l'ancienne Thessalonique, grand commerce et fabriques d'étoffes de coton, de maroquin, de tapis ; dans l'eyalet des îles, *Rhodes*,

(1) Les Turcs et en général les Orientaux appellent tous les Européens du nom de *Francs*, à cause du rôle glorieux qu'a joué la France dans les Croisades, des alliances politiques des rois de France avec les sultans Turcs depuis plusieurs siècles et de la protection que la France a toujours étendue sur les chrétiens d'Orient.

dans l'île du même nom, et chef-lieu de l'eyalet.

Les trois provinces tributaires ont pour capitales : la Servie, *Belgrade;* la Valachie, *Bukarest;* la Moldavie, *Jassy*. Ces deux dernières ont été à la suite de la guerre d'Orient en 1856, réunies sous le gouvernement d'un seul prince indigène, et placées sous la protection commune des cinq grandes puissances Européennes.

POPULATION. — 124. La population de la Turquie d'Europe est de 15,500,000 habitants.

POSSESSIONS HORS DE L'EUROPE. — 125. La Turquie a des possessions en Asie et en Afrique : 1° en Asie, toute l'*Asie Mineure* jusqu'au Taurus et l'*Asie antérieure* jusqu'aux frontières de Russie et de Perse, c'est-à-dire, les pays appelés *Kourdistan* (Assyrie et Arménie méridionale), *Al-Djezireh* (Mésopotamie), *Irak-Araby* (Babylonie), *Souristan* (Syrie), et dans le *Nedjed* ou Arabie occidentale, le Chérifat de la *Mecque*, vassal du sultan, les eyalets de *Djidda* et de *Médine ;* dans l'Yemen ou Arabie méridionale, celui de *Moka ;* 2° en Afrique, parmi les dépendances de la Turquie, deux ne sont que des pays tributaires, l'*Égypte* et *Tunis*. *Tripoli* est soumis directement au sultan.

---

§ III. — *Iles Ioniennes.*

126. Sur les côtes occidentales de Turquie et de Grèce, se trouve un petit État, qui dépend géographiquement de ces deux pays, mais est placé politiquement sous le protectorat de l'Angleterre, qui y tient garnison (V. chapitre III) : c'est la *République des îles Ioniennes* ou des *Sept-Iles*, composée de *Corfou* (Corcyre), *Paxo*, *Sainte-Maure* (Leucade), *Theaki* (Ithaque), *Céphalonie* (Céphal-

lénie), *Zante* ou *Zakytho* (Zacynthe), et *Cerigo* (Cythère). CORFOU, dans l'île de ce nom, est la capitale de la République. La population est de 246,500 habitants.

Questionnaire.

1. — Quelles sont les limites, les principales montagnes, les golfes et les fleuves de la Grèce? — Nommez les 10 nomes entre lesquels elle est divisée. — Quelle est la capitale et quels monuments anciens y sont encore conservés ? — Par quoi sont remarquables les villes de Missolonghi, Corinthe, Patras, Syra ? — Quelle est la population de la Grèce ?
2. — Quelles sont les bornes de la Turquie ? — En combien d'Eyalets est-elle partagée ? — Quel est le nom que les Turcs donnent à Constantinople, et quelles sont les trois parties dont se compose cette ville ?
3. — Quelles sont les principales villes de la Turquie ? — Quelles sont les trois principautés tributaires et leur capitale ? Quelle est la population totale de la Turquie d'Europe ? — Quels pays possède-t-elle en Asie et en Afrique? — Lesquels sont directement soumis, lesquels tributaires?
4. — Sous quel protectorat sont placées les îles Ioniennes ? — Nommez ces sept îles.

CHAPITRE X.

RUSSIE.

Situation et limites. — Grandes divisions territoriales. — Capitales. — Principales villes. — Population. — Possessions hors de l'Europe et Colonies (1).

SOMMAIRE.

La Russie d'Europe est bornée au nord par l'océan Glacial ; à l'ouest par la Suède, le golfe de Bothnie, la Baltique, la

---

(1) Voir, pour l'intelligence de ce chapitre, la carte neuvième (*Russie et Pologne*) de notre Atlas.

Prusse, l'Autriche, la Moldavie ; au sud par la mer Noire et le Caucase ; à l'est par le fleuve Oural, l'Oural septentrional et le petit fleuve Kara.

Elle est divisée en 56 *gouvernements* pour la Russie propre, 5 pour le royaume de Pologne, 8 *læns* pour la Grande-Principauté de Finlande.

Les capitales sont : SAINT-PÉTERSBOURG et MOSCOU, l'ancienne capitale ; villes principales, *Varsovie*, capitale particulière de la Pologne ; *Helsingfors*, de la Finlande ; dans la Russie propre, *Arkhangelsk*, *Nishnii-Nowogorod*, *Kiew*, *Odessa*, *Cherson*, *Astrakan*, *Tiflis*.

La population de la Russie d'Europe est de 64,000,000 d'habitants, celle de tout l'empire Russe, de 71,000,000. Hors de l'Europe, la Russie possède : en Asie, la *Sibérie*, capitale *Tobolsk*, et divisée en deux grands gouvernements, Sibérie occidentale, Sibérie orientale. En Amérique, l'*Amérique Russe*, chef-lieu *Nouvelle-Arkhangelsk*.

DÉVELOPPEMENTS.

SITUATION ET LIMITES. — 127. La Russie d'Europe est située au nord-est de cette partie du monde et bornée au nord par l'océan Glacial Arctique et la mer Blanche ; à l'ouest par le Muonio, la Tornea, le golfe de Bothnie et la Baltique qui la séparent de la Suède, par la Prusse, par l'Autriche dont la sépare une partie du cours de la Vistule, par la Moldavie dont la sépare le cours supérieur du Pruth ; au sud par la mer Noire et le Caucase ; à l'est par la mer Caspienne, le fleuve Oural, le mont Oural septentrional et le petit fleuve Kara.

MONTAGNES, FLEUVES, LACS. — 128. La Russie n'a de véritables montagnes qu'à ses extrémités, au sud et à l'est, le *Caucase* et l'*Oural* : elle est traversée dans son intérieur par une série de collines peu élevées dont le centre est au plateau du *Waldai*, et qui, reliant les Carpathes à l'Oural, déterminent le partage des eaux européennes en deux versants. En revanche la Russie a les cours d'eau et les lacs les plus considérables de l'Europe. Dans l'océan Glacial et la mer Blanche se jettent la *Petchora* et la *Dwina;* dans la Baltique et ses annexes, la *Néva*, la *Duna*, le *Niemen* et la *Vistule* dont tout le cours moyen appartient à la Russie; dans la mer Noire et la mer d'Azow, le *Dniester*, le *Dnieper* et le *Don;* dans la Caspienne, le *Volga*, le plus grand fleuve de l'Europe, et l'*Oural*. Les lacs sont : *Saïma*, en Finlande; *Onéga*, *Ladoga*, *Peipous* et *Ilmen*, dans la Russie propre.

GRANDES DIVISIONS TERRITORIALES. — 129. La Russie d'Europe proprement dite, est divisée en cinquante-six gouvernements, auxquels il en faut joindre cinq dans le royaume de Pologne, et huit *læns* ou préfectures dans la Grande-Principauté de Finlande, qui forme, comme la Pologne, une partie distincte dans l'empire Russe. Les cinquante-six gouvernements de la Russie peuvent se répartir en huit grandes régions physiques ou politiques qui sont : la *Russie septentrionale* (trois gouvernements) ; la *Russie Baltique* (quatre gouvernements) ; la *Russie occidentale* ou provinces Lithuaniennes et Polonaises (huit gouvernements); la *Moscovie* ou *grande Russie*, *Russie centrale* (seize gouvernements); l'*Ukraine* ou *petite Russie* (quatre gouvernements) ; la *Russie méridionale* (cinq gouvernements); la *Russie orientale* ou *Ouralienne* (neuf gouvernements) ; la *Russie Caucasienne*, comprennant les possessions russes au nord et au sud du Caucase (sept gouvernements). Dans cette dernière partie, quelques peuples des montagnes du Caucase, les *Tcherkesses* ou Circassiens, les *Lesghis* ont conservé leur indépendance.

CAPITALES. — 130. La première capitale de la Russie est SAINT-PÉTERSBOURG, à l'embouchure de la Néva dans le golfe de Finlande, 532,241 habitants, l'une des plus belles villes d'Europe par la largeur de ses rues, la magnificence de ses quais construits en granit, la grandeur de ses places publiques et la beauté de ses monuments, palais impériaux, amirauté, Notre-Dame de Kazan, statue équestre de Pierre le Grand, due à un sculpteur français; la seconde capitale de l'Empire est Moscou, au centre de la Russie, 400,000 habitants, la ville la plus manufacturière de l'empire. La capitale de la Pologne est *Varsovie;* celle de la Finlande, *Helsingfors.*

PRINCIPALES VILLES. — 131. Dans la Russie septentrionale, *Arkhangelsk*, commerce de bois. Dans la Moscovie, *Nowogorod,* la plus ancienne ville russe ; *Nishnii-Nowogorod*, au confluent de l'Oka et du Volga, foire célèbre où l'on vient tous les ans des parties les plus reculées d'Asie, grand commerce de fourrures. Dans l'Ukraine, *Kiew* sur le Dnieper, la métropole religieuse de la Russie; dans la Russie méridionale, *Odessa*, *Kherson*, *Azow*, commerce considérable de céréales, de cuirs, de bestiaux, que le sud de la Russie produit et nourrit en abondance. Dans la Russie orientale, *Astrakan*, à l'embouchure du Volga, vastes chantiers pour la marine, entrepôt du commerce de la Russie avec la Perse et l'Inde. Dans la Russie Caucasienne, *Tiflis*, au sud du Caucase.

POPULATION. — 132. La population de la Russie d'Europe est de 64,000,000 d'habitants; celle de tout l'empire Russe, de 71,000,000.

POSSESSIONS HORS DE L'EUROPE. — 133. Outre les provinces situées au sud du Caucase, et que nous avons rangées dans l'Europe, parce qu'elles sont peu considérables et font partie d'une même région physique et politique, la Russie possède en Asie toute la SIBÉRIE, ou *Russie asiatique,* entre l'océan Glacial au nord, le lac Aral, les monts Altaï et le fleuve Amour au sud : elle s'est emparée récemment sur la Chine (1856) du pays situé au nord de ce fleuve et de ses bouches, ainsi que de la moitié septentrionale de l'île *Tarrakaï* ou *Saghalien*, et elle a accru par là sa puissance sur l'océan Pacifique. La Sibérie est divisée en deux grands gouvernements, la *Sibérie occidentale*, capitale *Tobolsk,* et la *Sibérie orientale*, capitale *Irkoust.*

Dans l'Amérique du Nord, la Russie possède la partie du nord-ouest, dite *Amérique Russe,* et en outre quelques archipels et îles de la côte, entre autres l'île de *Sitka*, qui renferme la *Nouvelle Arkhangelsk*, chef-lieu de ces provinces américaines peu peuplées, mais importantes par le commerce des fourrures.

Questionnaire.

1. — Quelles sont les limites de la Russie d'Europe, ses grands fleuves et ses lacs principaux?
2. — Quelles sont les deux grands pays qui font partie intégrante de l'empire Russe, outre la Russie proprement dite? — Comment se nomment les divisions de ces pays et celles de la Russie propre? — Quel est le nombre des unes et des autres, et les grandes régions physiques et politiques entre lesquelles on peut les répartir?
3. — Quelles sont les deux capitales de la Russie, celles de la Pologne et de la Finlande? — Par quoi sont remarquables les villes d'Arkhangelsk, Kiew, Odessa, Astrakan? — Quelle est la population totale de l'empire Russe? — Quelles sont les possessions Russes en Asie et en Amérique et les chefs-lieux de ces possessions?

CHAPITRE XI.

AFRIQUE.

éographie politique de l'Afrique septentrionale correspondante à l'Afrique connue des anciens. — Géographie des autres contrées de l'Afrique (1).

SOMMAIRE.

§ 1. L'Afrique septentrionale comprend 5 États principaux, dont les trois premiers dépendent de l'empire Ottoman: l'Égypte, capitale le Caire; villes principales *Alexandrie*, *Suez*. Le Pachalick de Tripoli (ancienne Tripolitaine et Cyrénaïque), capitale Tripoli, ville principale *Mourzouk*. Le Beylik de Tunis (Afrique propre ou pays de Carthage), capitale Tunis. L'Algérie, colonie française. Le Maroc, *cap.* Maroc, ville principale *Tanger*.

§ 2. L'Afrique centrale comprend le Sahara ou grand désert, parcouru par les caravanes; à l'est, la Nubie, le Sennaar et le Kordofan, qui dépendent du pacha d'Égypte, l'Abyssinie, ville principale *Gondar*; au centre, la Nigritie ou *Soudan*, ville principale *Tembouctou*; à l'ouest, les colonies Françaises, Anglaises, Portugaises et Hollandaises de la Sénégambie et de la Guinée septentrionale, l'État indigène des Achantis et la République nègre de Liberia.

Dans l'Afrique australe, les colonies Portugaises du *Congo* et de *Mozambique*, Anglaises du *Cap* et de *Natal*; les États indigènes de la côte de *Zanguebar*, vassaux de l'iman de Mascate.

Toutes les petites îles sont occupées par les Français, les Anglais, les Portugais et les Espagnols.

Dans la grande île de Madagascar, l'Etat puissant des *Hovas*, capitale *Tannerive*.

---

(1) Voir, pour l'intelligence de ce chapitre, la carte dixième (*Afrique*) de notre Atlas.

DEVELOPPEMENTS.

§ I. — *Afrique septentrionale.*

134. Les anciens ne connaissaient bien que le nord de l'Afrique, la partie baignée par la Méditerranée et comprenant aujourd'hui cinq États, l'Égypte, Tripoli, Tunis, l'Algérie et le Maroc.

135. L'ÉGYPTE, appelée *Misr* par les Orientaux, est une dépendance de l'empire Ottoman (ch. IX, § II), et gouvernée par un vice-roi ou pacha héréditaire. Admirablement fertile en céréales de toute nature, et placée entre l'Asie et l'Afrique, peu distante de l'Europe méridionale, elle est déjà l'entrepôt d'une partie du commerce de l'Europe et des Indes par le chemin de fer qui va d'Alexandrie au Caire et à Suez; elle le deviendra plus sûrement encore lorsque le canal de communication entre Suez et Péluse sera ouvert, et la Méditerranée réunie à la mer Rouge, les vaisseaux européens n'étant plus réduits alors à faire la longue et périlleuse circumnavigation de l'Afrique par le cap de Bonne-Espérance.

La capitale de l'Égypte est le CAIRE, près du sommet du Delta, 250,000 habitants environ, quelques beaux monuments, mosquées, palais du vice-roi, écoles et établissements militaires; villes principales, *Alexandrie*, déchue aujourd'hui de la splendeur qu'elle avait sous les Ptolémées et les empereurs romains, mais demeurant encore l'entrepôt de tous les échanges de l'Égypte avec Constantinople, Livourne et Marseille, 400,000 hab. en 1859; *Damiette* et *Rosette*, aux deux bouches du Nil; *Suez*, au fond de la mer Rouge, point de départ des paquebots anglais qui reçoivent les marchandises et les voyageurs de l'Europe et les transportent de Suez à Bombay dans les Indes en vingt-un jours. — La population de l'Égypte proprement dite était, en 1859, de 5,125,000 habitants.

136. LE PACHALIK DE TRIPOLI, dépendance directe de l'empire Ottoman, comprend les pays appelés par les anciens *Tripolitaine*, *Cyrénaïque* (aujourd'hui pays de Barcah), et *Phazania* (Fezzan), entre l'Égypte, l'État de Tunis et le désert. La capitale est TRIPOLI, 10 à 12,000 habitants; la ville principale, *Mourzouk*, dans le Fezzan, un des plus grands marchés de l'Afrique septentrionale, et le rendez-vous des caravanes du Caire, de Tripoli, de Tunis, et de Tembouctou. La population de cet État s'élève environ à 900,000 âmes.

137. La RÉGENCE, ou plus exactement le BEYLICK DE TUNIS, gouverné par un *bey* qui reconnaît la suzeraineté du sultan de Constantinople, répond à l'Afrique propre des anciens, ou siége principal de la puissance carthaginoise. La capitale est TUNIS, près des ruines de l'ancienne Carthage, où se trouve l'endroit où mourut saint Louis, endroit aujourd'hui consacré par une chapelle. La population de Tunis est d'environ 150,000 âmes, et celle de tout le Beylick, de 1,200,000.

138. L'ALGÉRIE appartient à la France depuis 1830. (V. chap. II, colonies françaises.) Elle correspond à l'ancienne Numidie et à une partie de la Mauritanie.

149. L'EMPIRE DE MAROC répond à la plus grande partie de la Mauritanie ancienne. Il a pour capitale MAROC, qui renferme des manufactures de soieries et de maroquin; villes principales, *Méquinez*, résidence ordinaire du sultan, et *Tanger*, sur le détroit de Gibraltar, le principal entrepôt de commerce du Maroc avec l'Europe.

La population du Maroc est estimée à 6,000,000 d'habitants. — Au sud-ouest du Maroc est situé le petit État de SIDI-HESCHAM, capitale *Talent*, entrepôt du commerce du Maroc avec le centre de l'Afrique.

---

§ II. — *Afrique centrale et méridionale.*

340. Au sud des pays que nous venons d'indiquer, s'étend le SAHARA, ou grand désert de sables, parsemé de quelques oasis fertiles, et parcouru en caravanes par les Arabes Bédouins, et par deux grandes tribus de Berbères, descendants des anciens Libyens, les Touariks et les Tibbous.

242. Entre le Sahara et la mer Rouge, s'étend la fertile région du Nil, qui comprend dans le bassin moyen du fleuve, trois pays soumis au pacha d'Égypte, la NUBIE, le SENNAAR, ville principale, *Khartoum*, place de commerce importante au confluent du Nil Blanc et du Nil Bleu ; le KORDOFAN, à l'ouest. Le bassin supérieur du Nil Bleu et des principaux affluents du Nil Blanc comprend l'ABYSSINIE divisée en plusieurs États en proie à l'anarchie, et ayant pour ville principale *Gondar*, près du lac Dembea.

142. La NIGRITIE, ou pays des Nègres, appelé aussi *Soudan* ou *Takrour*, est arrosée par le grand fleuve Niger et les nombreuses rivières tributaires du lac Tchad ; elle est fertile et renferme un grand nombre d'États nègres puissants, dont les principaux, encore peu connus, sont : le *Dar-Four*, à l'ouest, le *Waday* ou *Bergou*, le *Baghermeh*, le *Bornou*, autour du lac Tchad ; enfin, la célèbre ville de TEMBOUCTOU, près du Niger ; et centre

d'un immense commerce par caravanes avec tout le nord de l'Afrique.

143. La Sénégambie et la Guinée septentrionale renferment des colonies européennes mentionnées plus haut. (V. ch. II, III, IV, VIII, colonies Françaises, Anglaises, Hollandaises et Portugaises.) Le principal État indigène est dans la Guinée, celui des Achantis, capitale, *Coumassie*, entrepôt d'un commerce considérable entre la côte et Tembouctou. Il faut y joindre la République nègre de Liberia, fondée en 1822 par une société américaine de colonisation, pour accoutumer les nègres affranchis à la vie politique; la capitale est *Monrovia*. La population totale est d'environ 12,000 nègres venus d'Amérique, et 340,000 indigènes qui se sont volontairement soumis au nouvel État.

144. L'Afrique australe commence à être connue dans son intérieur, par les voyages des Anglais Livingstone, Speke et Burton : le premier a découvert au sud le lac Ngami et une partie du cours du Zambèze, les seconds ont découvert au centre, les grands lacs d'Ujiji et d'Ukéréwé. Les côtes seules ont été visitées et colonisées par les Européens, parmi lesquels les Portugais possèdent les rivages opposés du Congo et du Mozambique (V. ch. VIII, colonies Portugaises) ; les Anglais, la célèbre colonie du Cap de Bonne-Espérance et celle de Natal. (V. ch. III, colonies Anglaises.) Au nord du Mozambique, la côte de Zanguebar est divisée en plusieurs petits États nègres ou arabes, *Quiloa, Zanzibar*, *Mombaza*, *Mélinde*, tous vassaux d'un prince de la côte orientale d'Arabie, l'iman de Mascate.

Toutes les petites îles Africaines sont au pouvoir des Européens. (Voir dans les chapitres de la France, de l'Angleterre, de l'Espagne et du Portugal, la partie relative aux colonies africaines.) La grande île de MADAGASCAR est seule indépendante et partagée entre plusieurs races ennemies, dont l'une, celle des *Hovas*, a fondé un royaume puissant, ayant pour capitale *Tannerive,* vers le centre de l'île.

Questionnaire.

1. — A quels pays anciens correspondent les Etats de Tripoli, de Tunis, l'Algérie et le Maroc? — Quelles sont les voies de communication qui assurent et augmenteront la prospérité de l'Egypte? — Quelles sont la capitale et les principales villes de ce dernier pays? — Quel est le principal port du Maroc.
2. — De quel État dépendent la Nubie, le Sennaar et le Kordofan, et quelle est la principale ville de ces contrées? — Quelle est la ville la plus importante de la Nigritie? — Quel est le principal Etat indigène de la Guinée, et par qui a été fondée la colonie de Libéria?
3. — Rappelez les colonies Anglaises, Françaises, Portugaises et Hollandaises de la Sénégambie et de la Guinée; les colonies Portugaises du Congo et de la côte de Mozambique, les colonies Anglaises du sud de l'Afrique? — De quel prince étranger dépendent les Etats indigènes de la côte de Zanguebar?
4. — Rappelez les îles Africaines qui appartiennent aux Anglais, aux Français, aux Espagnols, aux Portugais, dans l'océan Atlantique, le golfe de Guinée et la mer des Indes. — Quelle est la principale nation de l'île de Madagascar et sa capitale? Quels sont les grands lacs de l'Afrique australe?

FIN.

TABLE DES MATIÈRES.

FIN DE LA TABLE.

NOUVEAUX COURS
D'HISTOIRE ET DE GÉOGRAPHIE

Rédigés conformément aux Programmes du 12 août 1857.

COURS D'HISTOIRE

Deux systèmes de rédaction pour l'enseignement classique de l'histoire sont en présence : l'un consiste à tout sacrifier au pittoresque du style et à l'amusement du lecteur ; les grandes lignes sont comme effacées ; aux considérations générales et particulières, destinées à montrer les évolutions de l'humanité, le rôle des grands hommes, le développement de la civilisation, on substitue l'anecdote, le mot piquant, la phrase à effet, *le trait* en un mot.

L'autre système, plus grave, plus *substantiel*, représente les faits principaux, ce que la mémoire peut et doit retenir ; là, peu d'anecdotes : elles rapetissent l'histoire, n'en montrent guère que les scandales, et changent en une sorte d'amusement frivole ce qui doit toujours demeurer une haute étude et comme *le fondement même de la science de la vie.* Ce n'est ni avec Suétone, ni avec Saint-Simon que doit rivaliser l'historien qui s'adresse à la jeunesse ; sa mission, bien comprise, lui commande de s'inspirer des grands esprits généralisateurs à la manière de Bossuet, qui ont vécu non dans les bas-fonds, mais sur les sommets de l'histoire. — C'est dans ce système qu'ont été conçus et exécutés l'*histoire moderne*, l'*histoire de France*, l'*histoire du moyen âge*, par un Professeur d'histoire de l'académie de Paris, docteur ès lettres, et le nouveau *Cours d'histoire* pour les classes de 4e, de 5e, et de 6e qui leur sert de complément.

CLASSES ÉLÉMENTAIRES

Par **M. DAUBAN**, ancien professeur d'histoire au lycée de Nantes, membre du comité des travaux historiques au ministère de l'instruction publique.

Première partie. **Abrégé d'histoire ancienne** (classe de 6e)
1 vol. in-12, avec cartes Prix, cart. 1 75

Deuxième partie. **Abrégé d'histoire grecque** (classe de 5e).
1 vol. in-12, avec cartes. Prix, cart. 2 25

Troisième partie. **Abrégé d'histoire romaine** (classe de 4e).
1 vol. in-12, avec cartes. Prix, cart. 2 50

En rédigeant ce Cours d'histoire, l'auteur s'est surtout préoccupé de trois points : 1° de rester élémentaire; 2° de mettre ses livres au courant des progrès de la science; 3° d'inspirer aux jeunes lecteurs le respect des principes sur lesquels reposent les sociétés, et qui sont les conditions premières de leur prospérité : l'ordre, la discipline, la religion.

HISTOIRE ANCIENNE. — L'auteur a rapproché les textes des historiens anciens des monuments récemment découverts et interprétés; ils les a complétés, éclaircis et quelquefois rectifiés. L'histoire des peuples primitifs, assyriens, babyloniens, égyptiens, etc., pour laquelle il n'existe que peu de documents écrits, a été faite plus sûrement avec les monuments qu'avec les historiens. Aussi le travail de M. Dauban est-il plus exact et en même temps plus neuf que tout ce qui a été publié dans ces derniers temps.

L'HISTOIRE GRECQUE n'est pas, comme celle d'auteurs récents, composée sous l'empire d'une idée qui change cette histoire en un *pamphlet en faveur de la démagogie athénienne sous Périclès*, loin de là, M. Dauban s'est attaché à montrer que les excès populaires, le mépris de la discipline et l'inobservation de la loi ont amené l'irrémédiable décadence d'Athènes.

Tel est aussi le point de vue principal de l'HISTOIRE ROMAINE. L'auteur y montre le mouvement de la démagogie envahissant toutes les charges; puis l'oligarchie luttant, au nom de la liberté, contre le pouvoir qui seul pouvait consolider l'ordre au profit de tous. Il expose, après les grandes choses de la République, le bien que l'Empire devait faire et qu'il a fait.

Ce Cours, constamment écrit avec une élégante simplicité, renferme aussi des renseignements sur les écrivains dont les ouvrages sont les sources de l'histoire; on y trouve indiquées les lectures à faire, et ces indications sont accompagnées de notes critiques sur les écrivains mêmes.

Après avoir décrit l'état ancien des lieux aux époques dont on étudie l'histoire, M. Dauban en fait connaître, au moyen des relations des voyageurs les plus récents et les plus accrédités, l'*état actuel*, les monuments, les vestiges que le passé a laissés derrière lui, afin que l'esprit des jeunes gens rencontre des certitudes.

Enfin, en tête des chapitres, sont des sommaires chronologiques que les élèves peuvent apprendre par cœur; et, pour les parties compliquées, des tableaux synoptiques. — Tels sont les avantages particuliers que présente le Cours de M. Dauban, avantages qu'on ne trouve pas réunis dans d'autres ouvrages scolaires du même genre.

Atlas de Géographie ancienne et moderne rédigés pour les cours d'histoire et de géographie, d'après les nouveaux programmes du 12 août 1857, par **MM. Barberet**, inspecteur d'académie, et **Ch. Périgot**. (Format grand in-8° jésus, gravés sur acier et coloriés avec le plus grand soin).

— *Atlas de géographie ancienne et de géographie moderne*, 1re partie (cours de 6e). 1 vol. Prix, cart. 2 50

— *Atlas de géographie historique de la Grèce et de géographie moderne*, 2e partie (cours de 5e). 1 vol. Prix, cart. 3 50

— *Atlas de géographie romaine et de géographie moderne*, 3e partie (cours de 4e). 1 vol. Prix, cart. 2 50

Corbeil, typographie et stéréotypie de Crété.

www.ingramcontent.com/pod-product-compliance
Ingram Content Group UK Ltd.
Pitfield, Milton Keynes, MK11 3LW, UK
UKHW031929260826
14628UKWH00004B/1510

9 782016 129814